심겨진 그곳에
꽃 피게 하십시오

심겨진 그곳에
꽃 피게 하십시오

특별히 ________________ 님께

이 소중한 책을

드립니다.

심겨진 그곳에
꽃 피게 하십시오

BLOOM WHERE YOU'RE PLANTED

김 트루디 지음

나침반

심겨진 그곳에 꽃을 활짝 피우십시오

대학을 마치고 일주일만에 결혼해 남편의 조국 한국에, 남편을 따라와 한국인으로 산지가 반세기를 지나 55여 년입니다.

55여 년전 한국에 올 때도 하나님이 오게 하셨습니다.

55여 년간 한국에 살고 있는 지금도 하나님이 잘 살게 하십니다.

그 때와 다른 것은, 올 때 보다 엄청 많은 열매를 맺게 하심 입니다.

이는 하나님의 인도이고, 하나님의 보호이고, 하나님의 큰복입니다.

이 책은 하나님께서 저를 한국에 뿌리 내리게 하시고,

여러 모양으로 인도하셔서 아름다운 꽃을 활짝 피게 하신 일을

조금 소개한 것입니다.

이 책이 여러 가지로 어려움 중에 있는 이들에게,

특히 다문화 가족에게 위로와 희망과 도전이 되기 바랍니다.

우리를 푸른 풀밭에 누이시며 쉴만한 물가로 인도하시고,

우리 영혼을 소생시키시고, 하나님의 이름을 위하여

의의 길로 인도 하시는 주님을 찬양 합니다.

트루디

하나님이 내게 주신 최고의 복은

하나님은 제게 헤아릴 수 없을 만큼 많은 복을 주셨습니다.

그 중 최고의 복은 아내 트루디를 만나 가정을 이룬 것입니다.

40년 이상 한 교회에서 목회하는 동안 저를 비판하는 사람은 간혹

있었지만 제 아내를 뭐라 하는 사람은 단 한 명도 보지 못했습니다.

하나님의 사랑을 담뿍 받아 한국 땅에 심겨진 트루디는

그 사랑 그대로 저를 도왔고, 아이들을 양육했고, 교회와 학교를 돌

봤습니다.

아내 트루디는 자신이 즐겨 인용하는 격언처럼

심겨진 그곳에서 활짝 꽃을 피웠습니다.

아내가 삶으로 맺은 열매는 '사랑이 부푸는 파이가게' 나

목사가 된 두 아들 요셉, 요한의, 저서 '삶으로 가르치는 것만 남는

다', '응원', 'Mom' 등에서 엿볼 수 있지만 자서전 성격의 이 책은

트루디의 진솔한 모습을 더 가깝게 보여줄 것입니다.

해가 갈수록 가정의 소중함을 더 느끼게 됩니다.

아내가 얼마나 귀중한 존재인지를 실감합니다.

아내의 자서전을 읽게되어 정말 기쁩니다.

이 책을 읽는 모든 분들이 트루디처럼

하나님을 사랑하고 이웃을 섬기고 가정을 돌보며

심겨진 그곳에서 활짝 꽃 피우고 열매 맺으시기를 응원합니다.

사랑과 함께 —

김 장 환

김장환 목사(극동방송 이사장)

Contents

제1장
미스 트루디 13

잊을 수 없는 나의 어린 시절 / 사랑하는 나의 형제들 / 영적 리더십을 키워준 밥 존스 / 빌리의 신부가 되다

제2장
아내 트루디 57

빌리의 결심, 나의 결심 / 한국 살림이란 이런 것 / 남편이 살아가는 방식 / 부부는 일심동체가 아니다 / 공사가 분명한 남편

제3장
선교사 트루디 113

24살 때 다시 중학생이 되다 / 대학 강의의 교훈 / 내 별명은 '우렁이 각시'

제4장
사모 트루디 137

침례교세계연맹 총회장의 사모 / 한국에서 사모로 살기 / 남편에게 용돈을 타서 쓰는 나 / 한국의 문화를 엿보다 / 내가 간증하는 이유

제5장
엄마 트루디 183

남편을 닮은 요셉 / 청바지를 입은 목사 요한 / 딸 애설의 아주 특별한 교육법 / 체벌 받은 아이들이 더 잘 큰다

제6장
교육자 트루디 225

기독교 교육의 원칙 / 장애 아이들도 하나님의 자녀 / 통합교육의 중요성 / 아빠 캠프를 아시나요?

제7장
파이샵 트루디 255

교인들을 위한 쉼터를 만들다 / 파이샵은 상담소 / 사모님에게 배웠어요

제1장
미스
트루디

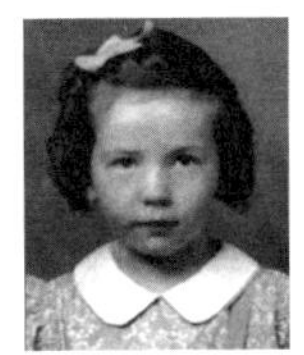

잊을 수 없는 나의 어린 시절

지금도 사람들은 내게 "미국 사람인데도 동양인처럼 생겼다"는 말을 자주 한다. 머리카락이 갈색인데다 체구도 아담하고 작아 동양적으로 보인다는 뜻인가? 지금은 익숙한 얘기지만, 내가 미국에서 어린 시절을 보낼 땐 그런 점을 특별히 신경 쓰지 않았던 것 같다.

나로 말하면 오히려 작은 체구 때문에 친구들에게 'flea(벼룩)' 이란 별명으로 불렸다. 아담한 걸로 치면 코알라처럼 귀여운 동물도 있을 텐데 왜 하필 벼룩이었을까?

어쩌면 작은 체형 덕분에 빌리(Billy: 김장환 목사)눈에 띄었던 건지도 모르겠다. 빌리는 내가 열심히 아르바이트를 하는 모습을 보면서 반했다고 말하지만, 그 이면엔 외모의 영향도 분명히 있을 거라고 짐작해본다. 갈색 머리에 갈색 눈, 게다가 160cm 남짓한 키는 어쩌면 한국에 보내시기 위해 하나님께서 맞춰주신 최적의 신체 조건이 아닐까?

정거운 나의 고향, Lakeview

내가 태어난 곳은 인구가 1천여 명이 되는 미시간 주의 작은 마을이다. 사남매 중 셋째로 태어났는데, 호숫가가 보이는 마을에서 친척들과 이웃들이 모두 대가족처럼 어울려 살았다. 커다란 호수가 보인다고 해서 동네 이름도 'Lakeview'라고 불렀다. 호숫가에서는 헤엄도 치고 고무보트를 타면서 친구들과 놀았는데, 대개는 예수 믿는 가정의 아이들이었다. 우리 가족들과 친척들은 모두 감리교회를 다녔다. 주일에 일가친척이 모두 모여서 같은 교회에서 예배드리는 모습을 떠올려보면 요즘은 좀처럼 보기 힘든 정겨운 풍경이 아니었을까싶다.

부모님은 대학 시절 시카고에 있는 감리교회에서 만나 졸업 후 곧바로 결혼하셨다. 아버지 러셀 스티븐스는 퍼듀 대학(Purdue University)에서 공학을 전공했다. 고등학교 때 전교에서 1등을 한 어머니 메리 톰슨은 맥머리(McMurray)에 여자대학에서 장학금을 받으면서 스페인어와 프랑스어를 전공했다. 두 분의 젊은 시절 사진을 보면 정말 잘 어울리는 커플이다.

부모님이 대학을 졸업하던 1929년의 미국 경제 상황은 그야말로 최악이었다. 아버지는 직장을 잡지 못하자 할아버지가 사는 미시간 주 메코스타로 이사를 갔다. 메코스타는 집마다 서로 떨어져 있는 시골마을로 어떤 곳은 30분을 걸어도 사람을 만날 수 없을 만큼 한산한 곳이다.

1948년 무렵에 경제상황이 좀 나아지자 우리 가족은 메코스타에서 자동차로 15분 떨어진 레이크뷰로 이사를 왔다. 레이크뷰는 미시간 주 다섯 개의 큰 호수 외에도 많은 호수가 있는 마을로 동네에 수퍼 마켓도 있고 학교도 있어서 메코스타보다 생활환경이 훨씬 좋았다. 거기서 100년 된 2층짜리 호텔을 구입해 여섯 채로 분리해서 다섯 채 는 세를 주고 나머지를 우리 가족이 썼는데, 넓고 시원해서 가족들 이 모두 좋아했던 기억이 난다.

우리 부모님은 평생 동안 신앙생활을 성실하게 했다. 그 덕분에 나 와 형제들도 신앙을 일찍부터 키울 수 있었다. 아버지는 자동차 부 속을 만드는 페드럴 모걸사에서 일했는데, 조용한 성격이지만 늘 다 정하게 나를 대해주었다. 고등학교에서 스페인어를 가르친 어머니 는 "여자도 사회 활동을 해야 한다"는 말을 자주 하며, 예의와 질서 를 지키고 친구와 잘 지내야 한다고 조언해주었다.

우리 사남매는 학교에서 돌아오면 가사를 분담해 맡은 일을 했다. 저마다 아르바이트를 해서 자기 용돈은 스스로 마련했다. 부모님이 맞벌이를 하셔서 생활형편이 어려운 건 아니었지만, 자립심을 키워 주기 위한 두 분의 교육철학이었던 것 같다. 하지만 우리가 결코 특 별한 경우는 아니었다. 대부분 부모님이 농사를 지었던 마을 아이들 은 방과 후에는 부모님 농사일을 돕는 게 자연스러웠기 때문이다. 학교에서도 감자를 수확하는 10월에는 보름 동안 휴가를 주고 농사 일을 돕도록 했다.

나 역시 초등학교 3학년 때부터 감자를 상자에 담는 일을 했다. 단순 노동이었지만 새벽부터 밤늦게까지 일하면 열흘 만에 100달러 정도를 벌 수 있는 기회였다. '초등학생에게 일을 시키다니 좀 가혹한데?'라고 생각할지 모르겠지만 당시엔 그것이 일이라기보다 일종의 교육적인 차원에서 이뤄졌다. 일을 하는 아이들은 자기 스스로 돈을 번다는 흥분에 서툴지만 분주하게 손을 움직였다.

나는 중학교 1학년 때 토요일에 하루 종일 옆집 아기를 돌봐주고 1달러를 받는 일도 했다. 깐깐한 아주머니의 매섭지만 장난스러운 눈빛이 지금도 생각난다.

"아이가 자주 보채는데 잘 할 수 있겠니, 트루디?"

아줌마가 물으면 나는 천연덕스럽게 아이를 안으면서 대답했다.

"그럼요, 저한테 맡겨주세요."

아주머니는 내가 요령껏 아기를 돌봐주는 모습에 감탄하는 눈치였다. 쉽게 보채는 아이, 자꾸만 안아달라는 아이…. 이미 여러 번 아기를 돌봐준 경험이 있던 터라 어렵지 않게 해낼 수 있었다. 아기 보는 게 힘들다 싶으면 재우면 된다는 요령도 있었다. 고등학교에 입학하고 부모님에게 정시으로 용돈을 받기까지 나는 이런 지린 아르바이트를 하면서 용돈 버는 재미와 일의 보람을 찾을 수 있었다.

일벌레였던 큰 오빠

일단 수중에 돈이 생기면 십일조부터 내야 했다. 어렸을 때부터 철저한 십일조 생활을 했기 때문에 마음속으로도 전혀 거리낌이 없었다. 하나님과 세금 관계(?)를 잘하면 나중에 낸 것 이상으로 돌려받을 수 있다는 걸 부모님을 통해 배웠기 때문이다. 아르바이트를 하지 않을 때는 집에서 청소를 하거나 성경을 읽는 게 내 취미였다. 어릴 때부터 규칙적인 생활을 좋아했기 때문에 하루하루를 무척 단순하게 보낼 수 있었던 것 같다.

내가 아르바이트를 그렇게 열심히 할 수 있었던 건 롤런드 오빠의 영향 때문인지도 모르겠다. 오빠는 공부도 열심히 했지만 아르바이트 역시 그에 못지않았다. 오빠는 주로 동네 슈퍼마켓 안에 있는 정육점에서 고기를 다듬는 일을 했는데 한 번은 손을 다쳐서 세균이 감염돼 패혈증에 걸린 적도 있다.

"뭐, 좀 쉬면 차차 나아지겠지."

오빠는 처음엔 별 것 아닌 줄 알고 그렇게 말했지만, 나중엔 걷지도 못할 정도로 병세가 악화돼 아파서 바닥에서 아프다고 데굴데굴 굴렀다. 오빠는 병원에서 오랫동안 치료를 받고 나온 뒤 며칠 안 돼 또 아르바이트를 나갈 정도로 지독했다. 한국 사람들이 남편감을 고를 때 중요하게 생각하는 '생활력'으로 따지자면 당시 우리 오빠는

'1등급'이었다.

　나는 운동을 좋아해서 지금도 수영이라면 자신 있다. 사람들은 "나이 드셨는데 참 대단하다"고 말하지만 어릴 때 호숫가에서 물놀이 했던 게 몸에 그대로 밴 것이다. 고향인 레이크뷰에서는 여름이 되면 아이들이 전부 호수로 몰려간다. 나 역시 5살 때부터 수영을 했는데 호수가 꽤 커서 물이 깊었음에도 겁도 없이 첨벙첨벙 물살을 헤치고 놀았다. 친구들과 함께 수영했으니 어린 마음에 별 일 없을 거라고 생각했던 것 같다. 다행히 물놀이를 하다가 안전사고가 난 경우는 없다.

　겨울엔 수영을 못하는 대신 물이 얼면 스케이트를 탔다. 당시엔 놀 거리가 별로 없었기 때문에 겨울에는 수영을 대신할 만한 놀이로 그만한 게 없었다. 얼음이 어찌나 두껍게 얼었는지 타이어를 쌓아놓고 불을 놓아도 깨지지 않을 정도였다. 동네 사람들은 한밤중에도 모여 스케이트를 타다가 추우면 불가에서 몸을 녹이고 다시 스케이트를 타곤 했다.

　지금도 가끔씩 그때 스케이트를 타던 추억이 생각난다. 한국으로 시집오고 나서 첫째를 낳은 뒤 동네 청년들과 스케이트를 타다가 시어머니에게 된통 혼났던 적이 있는데, TV에서 겨울에 스케이트를 타는 장면이 나오면 온몸이 아직도 근질근질하다. 아무래도 나이를 잊고 사나보다.

미국에서는 16살이 되면 운전면허를 딸 수 있는데 대개의 부모들은 자녀들에게 그 전부터 미리 운전 연습을 시켜둔다. 나는 그 당시 나이가 어렸지만 운전이 너무 해보고 싶어서 아버지를 매일 졸랐다.

"한 번이요. 딱 한 번만 가르쳐주면 다시는 조르지 않을게요."

부모 이기는 자식 없다고, 아버지는 그날 이후 나에게 조금씩 운전을 가르쳐주었다. 처음엔 나를 조수석에 태우고 핸들 조작을 옆에서 해보도록 했다가 운전석에서 천천히 주행하는 법을 가르쳐주었다. 아버지는 1시간 남짓 가르쳐주고 내가 좀 흥이 날 만하면 "내일 다시 천천히 해보자"면서 차에서 키를 뽑았다.

워낙 호기심이 왕성해 그 정도로 성에 차지 않았던 나는 어느 날 아버지 몰래 차고에서 차를 빼내 혼자서 차를 몰기 시작했다. 처음엔 속도를 내지 않으려고 했는데 페달을 밟다보니 점점 더 신이 났다.

"어, 어어어어어어!"

신나게 달리던 나는 좁고 위험한 호수길 비포장도로를 달리다 남의 집 담벼락을 들이받고 호수 쪽으로 미끄러졌다. 순간적으로 속도감을 상실하고 방향감각도 잃어버려 사고가 난 것이다. 다행히 다친 곳은 없었지만 눈을 떠서 옆을 보니 호수 바로 근처였다. 만약 조금만 더 미끄러졌다면 영락없이 호수에 빠져서 그대로 물속에 잠겼을지도 모를 일이었다.

'주님께서 천사를 보내 저를 붙잡아 주셨군요!'

하나님의 도움이 아니었다면 나는 분명히 물속에 그대로 수장됐을 거라고 생각한다. 그날 차를 버려두고 곧장 집으로 왔는데 담벼락이 무너진 집에서 우리 집 차를 발견하고 아버지께 사고 사실을 알렸다. 나는 몹시 혼날까봐 가슴이 조마조마했는데 다행히 아버지께서는 나를 잘 타일렀을 뿐 크게 화를 내지는 않으셨다.

하나님, 당신은 누구신가요?

어릴 때는 주일마다 교회에 꾸준히 가긴 했지만 구원에 대한 확신은 없었다. 부모님은 모두 신실한 신자였는데, 어머니는 젊은 시절 선교사를 꿈꿨을 정도로 하나님에 대한 비전을 갖고 있는 분이었다.

"엄마, 예수님이 어떻게 나를 구원해줄 수 있죠?"

이렇게 물을 때면 어머니는 "예수님이 십자가에 달려 돌아가심으로 네 죄를 용서해주셨다"고 설명해주었다. 하지만 나는 예수님의 죽음과 내 죄가 어떤 연관성이 있는지 좀처럼 이해가 가지 않았다.

'날 위해 죽으신 예수님은 왜 나를 한 번도 만나러 와주지 않으실까?'

나는 하나님께서 사람을 만드시고, 예수님을 보내 십자가에서 죽기까지 인간을 사랑하셨다는 걸 인정했다. 하지만 사람이 천국에서 영원히 산다는 건 목사님 설교나 어머니 조언만으론 속 시원한 대답을 얻을 수 없었다.

목사님이 주일 예배 때 "우리는 예수님으로 인해 문제를 해결 받고 영생을 선물로 얻었다"는 말씀을 하실 때마다 나는 속으로 이렇게 기도했다.

'예수님, 제가 영생과 천국을 믿을 수 있도록 제 마음속에 찾아와 주세요.'

나는 그 후 몇 년 뒤 중학생 때 빌리 그레이엄 전도 대회에 참석해서 기도의 응답을 받게 되었다. 그때까지 성령체험이 없었던 내게 하나님께서는 빌리 그레이엄 목사를 통해 말씀으로 성령을 부어주셨다.

"여러분은 죄인입니다! 혹시 죄가 없다고 생각하는 사람이 있다면, 무릎을 꿇고 하나님께 기도해보세요! 주님께서는 당신도 모르는 내면의 깊은 죄까지 깨끗하게 해결해주십니다!"

빌리 그레이엄 목사는 예수님의 구원 역사를 설명한 뒤 "오늘 이 자리에서 예수님을 영접하라"고 외쳤다. 목사님의 그 한마디에 내 가슴이 쿵쾅거리며 뛰기 시작했다.

'내 안에 성령님이 찾아오신 걸까? 이렇게 벅차오르는 마음은 뭐지?'

나는 그 순간까지 내 안의 성령님을 인정하지 않았다. 하지만 성령님은 이미 오래 전부터 그곳에 계셨던 것처럼 매우 친근하고 구체적으로 내 기도에 응답하고 계셨다.

'트루디, 나는 네가 간절히 기도하기 전부터 이미 너를 알고 있었단다. 하지만 내가 너를 얼마나 사랑하는지 알려주기 위해 이 집회로 너를 인도한 거야.'

그것은 분명한 주님의 목소리였다. 나는 그 순간 비로소 '예수님의 십자가 보혈로 구원을 얻었다'는 확신을 얻게 되었다. 설교를 끝낸 그레이엄 목사가 "예수 믿을 사람은 앞으로 나오라"고 말하자 나는 주저 없이 단상으로 뛰어나왔다. 그리고 그레이엄 목사를 따라 영접 기도를 하고 "나는 구원을 받았다"고 외쳤다. 그때의 심정은 이루 말할 수 없을 정도로 벅찬 감동과 기쁨으로 꽉 찬 상태였다. 나는 속으로 '하나님, 이제 주님이 원하시는 삶을 살겠습니다' 라고 몇 번이나 기도했다. 나는 그때 비로소 천국에 대한 확신을 얻을 수 있었다.

사랑하는 나의 형제들

하나님께서는 같은 부모 아래 태어난 형제들이라도 저마다 다른 계획을 갖고 계신 것 같다. 어릴 때부터 신앙교육을 철저히 받아온 내 형제들은 저마다의 달란트를 갖고 주님의 뜻을 실천하는 삶을 살고 있다.

큰 오빠인 롤런드는 학업성적도 무척 좋아서 밥 존스 재단의 학교를 나왔다. 우리 사남매가 모두 밥 존스에 들어간 건 롤런드 오빠의 영향 때문이기도 했다.

롤런드 오빠의 별명은 '남자천사'였는데, 주변 사람들은 오빠에게 "아마 천사가 그런 얼굴을 하고 있을 거야"하고 말하곤 했다. 나 역시 어릴 때 호기심 때문에 오빠의 자는 얼굴을 유심히 들여다보면서 '흠, 이게 천사 얼굴이란 말이지' 하고 재밌어 한 적도 있다.

롤런드 오빠는 이미 그때부터 아프리카 선교사가 되겠다고 공개적으로 말하고 다녔다. 오빠는 초등학교 시절 영국 스탠리 선교사의 자서전을 읽고 감동을 받아 복음을 전하는 의사가 되기로 결심했다. 오빠가 밥 존스 대학교에 들어간 이유 중 하나도 미국 내 여러 기독교 학교 중 밥 존스가 근본주의 신학을 고수했기 때문이다. 대학에서 물리학과 화학을 전공한 오빠는 미시간 주립대에서 외과와 안과를 공부한 뒤, 아프리카 짐바브웨로 의료선교를 하러 훌쩍 떠났다. 고작 29살의 나이였다.

오빠는 짐바브웨 수도인 하라에서 300km 떨어진 마운트 다윈의 한 병원에서 유럽 선교사들과 함께 일했다. 간호학교를 만들고 가르치면서 아프리카 사람들에게 복음을 전했다. 짐바브웨에 내전이 발생

해 미국으로 잠시 돌아온 오빠는 1970년부터 10년 동안 미시간 주에 있는 자선병원에서 가난한 사람들을 치료했다. 하지만 1980년 짐바브웨 정부는 자국 내 병원 운영이 제대로 안 되자 오빠가 소속돼 있는 팀선교부에 선교 파송을 다시 요청했다. 오빠는 짐바브웨로 가기 위해 짐을 꾸리면서 그곳에서 뿌리를 내려야겠다고 결심했는지도 모르겠다. 오빠는 나이가 칠순을 훌쩍 넘긴 지금도 여전히 짐바브웨에서 의료 선교를 하고 있다.

롤런드 오빠를 생각할 때마다 '한 알의 씨앗이 땅에 떨어져 많은 열매를 맺는다'는 성경말씀의 의미를 생생하게 느끼게 된다. 미국에서 외과의사는 상류 생활이 보장되는 전문직종에 속한다. 하지만 오빠는 그렇게 공부를 많이 하고도 안락한 생활을 모두 버리고 어릴 때 꿈을 실현하기 위해 아프리카로 갔다. 오빠는 짐바브웨 병원에서도 월급을 받지 않는다. 병원 운영에 필요한 자금은 모금을 통해 해결하고 얼마 남지 않은 돈으로 근근이 생활을 이어간다.

험난한 아프리카 땅에서 롤런드 오빠를 이끌어주는 힘은 무엇일까? 나는 그것이 분명 기도를 통한 주님과의 동행에서 비롯되는 것이라고 믿는다. 오빠는 아프리카 선교 활동을 돕는 이들에게 활동 사항을 정기적으로 보고하면서도 '연약한 저와 병원 식구들이 주어진 직분을 잘 감당할 수 있게 해달라'는 기도 부탁을 결코 잊지 않는다. 오빠의 아내인 캐시 또한 옆에서 묵묵히 오빠를 도우면서 현지 생활을 잘 견뎌내고 있다. 어떤 이들은 내가 한국에 처음 왔을 때 '시골 생활하는 게 고생스럽지 않느냐'고 묻기도 했지만 캐시에 비하면 나는 그야말로 천국에서 지낸 셈이다.

오빠의 아들인 대니얼도 아버지 뒤를 이어서 아프리카로 날아갔다. 대니얼은 밥 존스 대학교를 나온 뒤 한국에서 한양대학교 의과대학을 졸업했다. 미시간 의대에 들어가려 했지만 전공하려던 과에 외국인 정원만 남아 있어서 진학을 못했기 때문이다. 대니얼의 고모부인 남편(김장환 목사)이 대니얼에게 "이듬해까지 기다리지 말고 한국에서 공부해보는 건 어떻겠냐"고 권해 한양대에 들어가게 된 것이다. 대니얼은 한양대를 졸업하고 미국으로 가 인턴과 레지던트를 거친 뒤 미국 의사시험에서 3등으로 합격했다.

오빠는 네 아이들 모두를 짐바브웨 고등학교에서 공부시켰다. 내가 지금은 한국이 더 익숙하듯, 롤런드 오빠도 아프리카 사람이나 다름없다. 오빠와 나는 형제들 중 선교를 위해 해외에서 생활하는 셈인데, 부모님은 사남매 중 둘씩이나 해외로 나간다니 얼마나 마음이 아프셨을까. 부모가 된 지금 생각해보면 그때 마음이 어땠을지 천국에 계신 부모님께 죄송하기만 하다. 그래도 선교 활동을 하면서 하나님께 영광 돌리는 일을 보면 조금은 흐뭇해하실 거라고 믿는다.

페기(Peggy) 언니의 좌충우돌 결혼생활

페기 언니는 나보다 네 살이 더 많다. 어릴 때는 언니 꽁무니를 졸졸 쫓아다닐 정도로 무척 따랐다. 언니 남편이었던 웨일리는 밥 존스 출신으로 두 사람도 캠퍼스 커플로 사귀다가 언니가 대학교 3학년 때 결혼했다. 언니가 밥 존스 출신과 결혼한다고 하자 주변에서는 모두 축하의 박수를 보냈다. 당시엔 밥 존스 출신과 결혼하면 대부분 안정된 생활을 한다고 믿었다.

하지만 언니의 결혼생활은 결코 순탄치 못했다. 웨일리는 결혼 이후에 단 한 번도 언니에게 생활비를 가져다주지 않았다고 한다. 아마 사업을 하느라 생활에 대한 모든 부분을 언니에게 맡기고 무심했던 모양이다. 하지만 불행하게도 웨일리는 손대는 사업마다 좀처럼 성공을 거두지 못했다. '마이더스의 손'이 아닌 '마이너스(?)의 손'이라고 해야 할까… 그야말로 백전백패였다. 학교에서 그토록 공부를 잘했던 웨일리가 사업에서 고전했던 걸 보면 돈 버는 재주와 머리가 좋은 건 아무래도 별개인 것 같다.

마음고생을 했던 건 언니 쪽이었다. 언니는 밥 존스 대학을 졸업하고 퍼먼 대학원에 진학해 선교사를 꿈꿨다. 하지만 남편 사업으로 집안이 덜커덩거리니 꿈은 저 멀리 사라져버린 셈이었다. 언니는 가정경제를 책임지느라 늘 동분서주했다. 낮에는 미시간 주 병원 임상

병리과에서 일하며 밤에는 연구소에서 일했다. 그러면서 틈틈이 의대 시간강사를 뛰면서 돈을 벌었다. 웨일리는 언니의 가계수표를 슬그머니 들고 나가 남발하기 일쑤였다. 언니는 먼지처럼 털어도 끝없이 쌓이는 빚을 갚기 위해 허덕였다. 그즈음에 전화를 걸면 언니는 내게 이렇게 푸념하곤 했다.

"트루디, 결혼은 하나님이 맺어준 것이지만 난 정말 웨일리와 헤어지고 싶어."

"그 마음 충분히 이해해. 언니를 위해 기도할게."

언니는 딸들에게 아빠가 있어야 한다는 생각 때문에 참고 또 참았다. 웨일리는 이혼의 먹구름이 드리워질 때마다 그럴 듯한 말로 위기를 넘기곤 했다. 웨일리는 매번 "이번엔 꼭 성공할 자신이 있다"면서 가계수표를 가져갔고, 언니는 진심으로 남편을 믿기 위해 노력했다. 하지만 그는 단 한 번도 성공을 하지 못했다. 어쩌면 사업이 하나님의 뜻이 아니었거나, 그가 사업을 추진하는 데 있어서 어떠한 문제가 있었기 때문인지도 모른다. 어쨌든 그 사이 5명의 아이들은 무럭무럭 자랐고, 언니는 딸들을 모두 대학까지 보내느라 밤낮없이 일해야 했다.

언니는 새벽 2시에 지친 몸을 이끌고 돌아와 아침 8시에 직장에 출근하는 일을 무려 10년이나 반복했다. 정년인 65세까지 병원 임상병

리과에서 일했으니 언니도 참 대단한 사람이다. 그렇게 억척스럽게 일했기에 네 딸 모두 밥 존스 대학교에 보내고 막내는 뉴욕 모델 스쿨에 입학시킬 수 있었으리라.

웨일리는 언니와 결혼한 지 32년째 되던 해 집을 나가 돌아오지 않았다. 더 이상 참을 수 없었던 언니는 신문에 남편을 찾는 광고를 냈다. 미국에서는 광고를 낸 지 6개월 안에 배우자가 돌아오지 않으면 이혼이 자동적으로 성립된다. 결국 언니는 그렇게 허탈하게 이혼을 마무리 짓고 말았다. 하지만 이혼은 결과적으론 언니에게 잘 된 일이었다. 언니는 이후 미시간 주 라피어의 집에서 머물고 있다. 지금은 충분한 경제적 여유가 있지만 심심하다는 이유로 학교에서 파트타임으로 또 일하고 있다. 언니 자신도 모르는 사이에 '일 중독'이 되어버린 건 아닐까 걱정이 된다. 어쨌든 삶에 만족감과 보람을 되찾았으니 다행스러운 일이다.

페기 언니의 둘째 딸 론다는 현재 파푸아뉴기니에서 선교사로 일하고 있다. 론다는 1993년 남편과 파푸아뉴기니 선교사로 파송됐다가 남편이 천식으로 죽는 바람에 미국으로 돌아왔다. 남편이 파송한 교회에서 섬기던 론다는 97년에 다시 파푸아뉴기니로 가 학교 교사로 일하며 살고 있다. 셋째 딸 드니즈는 남편과 미국 내에서 선교사로 활동 중이다. 사립학교에 가면 월급을 더 받을 수 있지만 기독교 학교에 부임해 헌신하고 있다.

다섯째 딸은 목사와 결혼해 미시간 주에서 흑인들을 위한 교회를 담임하고 있다. 고난의 삶 가운데서도 딸들을 위해 헌신했던 언니였기에, 소명의식을 갖고 일하는 딸들이 더욱 자랑스럽지 않을까? 힘겨운 생활 속에서도 절망하지 않고 딸들을 훌륭하게 키워낸 언니가 늘 자랑스럽다.

말썽꾸러기 남동생 허버트(Herbert)

미시간 주립대학에서 법학을 전공한 남동생 허버트는 호텔을 경영했다. 허버트가 정말 사업에 소질이 있는지 모르겠지만, 그 과정이 결코 순탄치 않았던 것만은 분명하다. 한 번은 허버트가 호텔을 하나 더 구입해 돈을 모으던 중에 남편인 빌리에게 "돈을 투자하면 수익금을 늘려주겠다"고 제의한 적이 있다. 남편은 자신의 돈 5천 달러와 친구들 돈까지 합쳐 2만 달러를 동생에게 주었다.

"너무 많이 준 것 아니에요?"

내가 물었지만 남편은 묵묵부답이었다. 허버트는 6개월 뒤에 이자 명목으로 5천 달러를 가져왔다. 나는 조금 놀랐지만 그때뿐이었다. 허버트는 이후 사업이 지지부진한지 이자는 물론이고 원금조차 갚지 않았다. 남편은 친구들 돈까지 고스란히 갚아줘야 했다. 나는 남편에게 무척 미안했지만 남편은 의연하게도 "내가 결정한 일이니 괜찮다”며 누구도 원망하지 않았다.

이후로는 허버트의 소식을 주로 페기 언니를 통해 들었다. 한 번은 페기 언니에게 허버트가 해프웨이 하우스(Half-way house)에 갇혔다는 말을 듣게 되었다. 해프웨이 하우스는 주말마다 외출이 가능한 감옥인데 주로 경범죄를 지은 사람들이 가는 곳이다. 허버트가 갇히게 된 사연을 들어보니 아들 친구의 꾐에 빠져서 그리 된 것이라고 했다. 아들이 친구들과 캐나다로 여행가는 줄 알고 운전을 했다가 경찰에게 잡혔는데, 알고 보니 여행가방에 마약이 들어있었던 것이다. 조카는 성실하고 착한 아이인데 어쩌다가 그런 속임수에 빠졌는지 이해가 가지 않았다.

허버트는 자신이 그곳에서 몇 년을 갇혀 있을 생각을 하니 답답했는지 어느 날 빌리 그레이엄 목사에게 편지를 보냈다. 자신이 한국의 빌리 김 목사의 처남인데, 억울하게 갇혔으니 보증을 서서 꺼내달라는 내용이었다. 미국에서 빌리 그레이엄 목사의 영향력이 크다는 점을 생각하고 딴에 묘수를 짜낸 것이다. 나는 빌리 그레이엄 목사의 부인인 룻 여사의 편지를 통해 그 사실을 알게 되었다.

‘동생인 허버트 씨가 도움을 요청했는데 도와주는 게 좋을지 어떨지 몰라 사모님께 편지를 드립니다.’

나는 동생이 감옥에 들어간 건 안 된 일이긴 하지만 죄를 지었다면 대가를 치르는 게 마땅하다고 생각해 '보증을 서주지 마시라'고 답장했다. 허버트가 그 일로 서운했는지 모르겠지만, 나는 직접 관계가 없더라도 죄 짓는 데 얽혀 있다면 그 책임을 져야 한다고 생각한다. 결국 허버트는 엉뚱한 마약 때문에 5년을 해프웨이 하우스에서 보내게 되었다.

결과적으론 이 또한 하나님의 섭리가 아니었을까 생각한다. 동생은 5년간의 형기를 마치고 나와 뉴멕시코 주에서 모텔 사업을 다시 시작했는데, 이전과 달리 순조롭게 잘 풀려나갔기 때문이다. 나는 동생 일을 계기로 때때로 하나님께서는 우리 눈에 불합리하게 보이는 사건을 통해서도 당신의 계획을 실천하신다는 걸 알게 됐다. 그리고 그 과정이 아무리 고통스럽게 보이더라도 그 끝에는 반드시 축복이 있게 마련이다.

어머니, 천국에 먼저 가 계세오

'어머님이 많이 위독하세요. 아무래도 미국으로 오셔야 할 것 같아요.'

1983년 2월 초에 어머니가 입원했다는 말을 듣고 미국 병원으로 뵈러 갔다. 그때 어머니 나이는 82세였는데 당뇨를 앓고 계신 터라 곧 천국에 가실 것 같은 예감이 들었다. 나는 마음속으로 어머니를 축복해드렸다.

'엄마, 제가 한국에서 사느라고 자주 찾아뵙지 못했지만 마음만은 늘 함께 있었다는 걸 아실 거라 믿어요. 자식들을 모두 훌륭하게 키우셨으니 천국에 가시면 주님이 면류관을 주실 거예요.'

어머니는 내 예상대로 그로부터 한 달 뒤에 돌아가셨다. 장례식에는 짐바브웨에 가 있는 롤런드 오빠가 참석한다는 연락이 왔지만 나는 굳이 가보지 않았다. 이미 영혼이 천국에 가 계신 분인데 장례식이 어머니에게 큰 의미가 없다고 생각했기 때문이다.

나는 이후 1998년에 환갑이 되었을 때 비로소 아들 부부와 함께 어머니 묘를 찾았다. 생전에 어머니는 늘 페기 언니가 모셨었다. 미국에서는 전통적으로 딸들이 부모를 모시곤 한다. 어머니는 생전에 한국을 두 번 다녀가셨는데 한 번은 빌리의 후견인이었던 칼 파워스와 함께, 그리고 또 한 번은 페기 언니의 딸인 돈을 데리고 왔었다. 어머니가 한국에 왔을 때 우리 교인들 중 많은 분들이 선물을 전해주었다. 어떤 교인은 옷을 여러 벌 민들이 선물해주기도 했다.

남편은 어머니가 오셨을 때 용돈도 드리고 한국의 곳곳을 관광시켜드렸다. 미국 사위들은 보통 장모에게 용돈을 주지는 않는다. 그래선지 어머니는 사위가 주는 용돈을 받고 무척 좋아하셨다. 어머니는 전두환 전 대통령을 비롯해 한국 정계의 높은 분들에게 초청을 받아 식사를 대접받은 적도 있다. "한국 사위 덕분에 호강한다"고 아이처럼 좋아하는 어머니를 보면서 나도 기분이 무척 좋았다. 자기 부모에게 잘해주는 남편을 아내라면 누구나 자랑스러워할 것이다.

페기 언니는 어머니 생전에 최선을 다해 모셨지만, 만약 내가 미국에 살았더라면 어머니를 직접 모셨을 것이다. 어머니는 내가 한국에서 시집 가 잘 살고 있는지 언제나 걱정을 하셨다.

이따금씩 전화를 걸면 "남편이랑 아이들을 잘 챙겨주어라" 하시면서 선교가 하나님의 일임을 늘 강조하셨다. 어머니는 남편이 1973년 빌리 그레이엄 서울 여의도 전도대회에서 통역을 맡고 미국에 알려졌을 때 특히 무척 좋아하셨다. 사위가 유명해져서라기보다, 우리 부부가 한국에서 선교를 잘하고 있다는 점에 안심하셨던 것 같다.

어머니는 결혼 전에도 혼혈아인 손주들이 한국 생활을 잘할지 염려하셨는데, 그 점에 특히 안심을 하는 눈치였다. 점점 어머니 나이에 점점 가까워지고 있는 나는 지금도 가끔씩 어머니가 보고 싶어서 혼자 조용히 눈시울을 붉히곤 한다.

영적 리더십을 키워준 밥 존스

　나와 형제들이 졸업한 밥 존스 학교는 유치원부터 대학원까지 있다. 엄격하기로 유명하다. 학교에서는 늘 성경 요절을 일주일에 3개씩 외우도록 했고, 매주 드리는 채플에 늦으면 가차 없이 벌점을 주었다. 하지만 나는 어릴 때부터 신앙생활을 해서인지 그 까다로운 규칙이 그리 어렵지 않게 느껴졌다.

　내 경우 애초에 밥 존스를 목표로 공부했던 건 아니었다. 중학교 3학년 때 평소 친했던 페기 언니마저 밥 존스 대학에 가자 외롭고 허전한 생각이 들었다.

　'나도 밥 존스에 가고 말거야.'

　이후 어머니에게 밥 존스고등학교에 보내달라고 떼를 쓰기 시작했다. 처음엔 안 된다고 하던 어머니도 내가 자꾸만 재촉하자 어쩔 수 없이 보내주기로 결정했다. 밥 존스에 가서 언니를 만날 수 있다고 생각하지 하루하루가 무척 신났다.

　밥 존스대학교에서 교육학과를 전공했다. 어머니께서 젊은 시절 교사를 하셨기 때문에 그 영향을 받았던 것 같다. 무엇보다 어린아이들을 가르치고 싶다는 열망이 있었다. 어릴 때는 늘 책을 읽는 할머니 모습을 보며 자랐기 때문에 교육의 중요성을 누구보다 잘 알고 있었다.

밥 존스 학생들은 전공과목에 관계없이 학기마다 성경 과목을 이수해야 한다. 나는 대학을 다니며 바이블 코스를 여덟 개나 신청할 정도로 열성적이었다. 쉬는 시간에는 늘 성경책을 옆구리에 끼고 다녔던 기억이 난다. 주말에는 그린빌 흑인 지역에 가서 어린이들을 전도하곤 했다. 덕분에 전공자도 아닌데 신학생을 지도할 수 있는 바이블 스터디까지 마스터할 수 있었다.

밥 존스 학생들은 대개 점수에 무척 민감하다. 여기서 점수란 성적이 아니라 벌점을 말하는 것이다. 한 학기에 벌점이 150점이면 제재를 받는다. 일종의 학사경고인 셈이다. 일거수일투족이 벌점과 관련이 있었으니 행동거지를 바로 하지 않을 수 없었다. 물론 이렇게 엄한 규율을 못 버티고 학교를 관두는 학생들도 한 학기에 10%나 됐다.

주일에도 엄중한 벌점의 칼날을 피해갈 수 없었다. 주일 오전 11시에는 반드시 예배에 참석하고 저녁에도 기숙사에서 룸메이트와 예배를 드려야 한다. 채플에 빠지면 25점, 늦으면 3점을 받았다. 결단코 봐주는 일도 없어서 적당히 하겠다는 마음이 애초에 들지 않았다. 때문에 채플에 늦는 아이들은 거의 없었다.

하지만 이런 규율과 관계없이 나는 기숙사 생활이 오히려 즐거웠다. 아무래도 어릴 때 부모님께 엄한 교육을 받았기 때문이었던 것 같다. 집에 있을 때는 이런 저런 집안일 때문에 꼼짝도 할 수 없었지만 학교에서는 행사가 많아 홀가분한 느낌이 들 정도였다.

밥 존스의 장점은 세계 각국에서 온 다양한 학생들을 만날 수 있다는 것이다. 당시 이미 기독교 명문으로 소문 난 학교였기 때문에 기독교 교육을 받길 원하는 유수의 인재들이 몰려들었다. 채플 시간에는 당시 유명한 미국 목회자들이 돌아가면서 설교를 했다. 나는 지금도 그때 들었던 설교가 내 젊은 날 신앙의 토대가 되었다고 생각한다. 또 밥 존스에서 배운 예절 교육 덕분에 나중에 유치원 원장이 되어서도 아이들에게 예절 교육을 철저하게 시키게 되었다.

거부할 수 없는 데이트 원칙

지금 생각해봐도 이상한 일이지만, 나는 언제나 주변에 남자 친구가 많았다. 그렇다고 내가 특별히 미인이라거나 이성을 사로잡는 매력을 갖고 있는 것도 아닌데 둘러보면 여자들보다는 남자가 훨씬 많았다. 예를 들면 롤러스케이트장에서 오빠 친구나 동생 친구들을 만나 자연스럽게 친해지는 식이다. 동네에서 남자친구들과 농구 경기를 함께 보기도 했다. 아마 내가 여성이라고 몸을 사리지 않고 어떤 활동이든 스스럼없이 참여했기 때문에 그랬던 게 아닐까싶다.

밥 존스 고등학교에서는 입학하자마자 상급생인 올린 하틀리에게 데이트 신청을 받았다. 밥 존스에서는 이성 간에 걸을 때는 거리를 5인치 내로 좁히면 안 된다는 것과 여성이 남성의 데이트 제안을 거절할 수 없다는 규칙이 있다. 나는 체구가 작은 올린이 마음에 들지 않았지만 어쩔 수 없이 수락할 수밖에 없었다. 데이트를 수락함과 동시에 어머니 얼굴이 떠올랐다.

'일단 대학에 들어갈 때까지는 공부에 집중해야 한다. 딴 생각하거나 행실을 바로 하지 못하면 중간에 다시 데려올 거야!'

올린과는 교회나 음악회에 몇 번 간 것으로 그쳤지만, 데이트를 하는 내내 어머니 말이 떠올라서 제대로 말도 못 붙였던 기억이 난다.

한 번은 린든 플라워스라는 잘생긴 남학생이 내게 말을 걸었다. 내가 린든하고 대화하고 있는 모습을 본 친구들은 나를 부러운 눈길로 쳐다봤다.

"트루디, 어떻게 하면 린든과 그렇게 가까워질 수 있어? 궁금해."

한 날은 친구들이 내게 물었다.

"그냥, 린든이 먼저 만나자고 해서 만났을 뿐인데?"

나는 특별히 잘 보여야겠다고 생각한 적이 없기 때문에 솔직하게 말했지만 친구들은 시큰둥한 반응이었다. 내게 무슨 특별한 비밀이나 린든이 좋아하는 점을 알고 있을 거라고 생각한 모양이다.

하지만 린든과는 그 이후로 데이트를 오래 하지 못했다. 린든의 누나가 사사건건 개입해 우리 둘을 갈라놓으려고 했기 때문이다. 린든은 나를 만날 때마다 "누나가 너와 만나는 걸 별로 안 좋아하는 것 같아서 무척 힘들다"고 말했다. 나는 린든의 힘든 모습을 보고 그와 더 이상 만나선 안 되겠다는 생각을 했다.

어느 날 린든에게 이렇게 말했다.

"너희 누나 때문에 더 이상 못 만날 것 같아. 미안해, 내 학생증을 돌려주겠니?"

학생증을 맡기는 건 음악회에 늘 함께 가겠다는 의미였으니 그건 곧 헤어지자는 뜻이었다. 린든은 내 말에 선뜻 학생증을 돌려주길 꺼려했지만, 어쩔 수 없다는 듯 지갑에서 내 학생증을 꺼내주었다.

"그럼 이 학생증 내가 가져갈게."

린든 옆에 있던 밥 존스 3세(밥 존스학교 재단 설립자이며 총장이었던 밥 존스 박사의 손자)는 내 학생증을 냉큼 가로채더니 내게 "여자친구가 되어달라"고 했다. 그는 당시 기지와 재치가 넘치던 아이로 여학생들에게도 인기가 많았다. 나 역시 밥 존스 3세가 싫지 않았고, 어색한 상황을 무미하기 위해 그 제인을 받아들였다. 밥 존스와 나는 매일 강당이나 식당에 갈 때 함께 많은 얘기를 했고, 음악회에도 여러 번 함께 갔다.

하지만 밥 존스 3세와의 교제도 그리 길지 못했다. 1학년 여름방학 때 미시간으로 두 달 동안 다녀온 사이에 밥 존스 3세가 다른 여학생

과 교제를 하게 된 것이다. 나는 황당해서 밥 존스 3세를 찾아갔는데
그 이유가 더욱 황당했다.

"8월이 내 생일이었던 거 아니? 그때 넌 미시간에 있으면서도 나에
게 아무런 연락이 없었어."

밥 존스는 나를 원망하듯이 그렇게 말했다. 사정을 들어보니 생일
날 자신에게 선물을 준 여학생과 사귀게 되었다는 것이다. 나는 그
의 말을 듣고 마음이 너무 아파서 기숙사 방에서 혼자 울었다. '내가
너무 무심했나' 하는 후회도 들었지만, 밥 존스 3세와의 교제가 하나
님의 뜻이 아니었다고 생각했다. 빌리에게서 데이트신청 편지가 온
것은 그로부터 2개월 후의 일이었다.

키 작은 동양인 남학생 빌리

빌리는 학교 내에서도 항상 유명했다. 동양인이었지만 축구주장
이었다. 그리고 웅변대회 상은 언제나 그의 차지였다. 빌리는 그러
더니 그린빌 지역대회와 사우스캐롤라이나주 대회, 전국대회까지
차례로 휩쓸었다. 한국인 유학생이 고등학교 웅변대회에서 최고상
을 받는 건 굉장히 놀라운 일이다. 때문에 빌리는 당시 학생들 사이
에서도 '스타' 취급을 받았다.

밥 존스에서는 남학생이 여학생에게 데이트 신청할 때 반드시 편
지를 먼저 보내야 한다. 규정상 교내 극장에서 공연되는 연극이나

음악회는 남녀가 함께 봐야 했기 때문이다. 여학생들은 공연이 있는 날은 누구에게서 초청장이 올지 다들 궁금해 했다.

나는 보통 초청장을 5장쯤 받았는데 빌리도 내게 편지를 보낸 남자들 중 하나였다. 나는 빌리의 이름이 적힌 초청장을 보면서 가슴이 설렜다. 친구들이 말하길, 그 편지는 빌리가 여학생에게 보낸 최초의 편지라는 것이다.

'식당에서 서빙하고 있는 모습이 좋아보였어. 나와 함께 음악회에 가지 않을래?'

나는 편지를 통해 빌리가 전부터 나를 눈여겨보고 있었다는 사실에 놀랐다. 그렇다면 왜 진작 편지를 보내지 않았던 걸까?

나중에 들은 얘기지만 빌리는 영어 선생님의 도움을 받아서 그 러브레터를 썼다고 한다. 그는 여학생들에게 인기가 많았음에도 가난한 동양 남학생한텐 관심이 없을 거라고 짐작해 편지를 망설이고 있다가 나를 보고 용기를 냈다는 것이다. 아마도 키가 그리 크지 않고 체구도 아담한 내게 친근감을 더 느꼈는지도 모르겠다.

드디어 음악회에 가는 날! 나는 벨벳 드레스를 한껏 차려입고 빌리 앞에 나타났다. 여학생들에게 인기가 많은 빌리에게 선택을 받았으니, 다른 여학생들에게 얕보이면 안 되겠다는 생각에 아침 일찍부터 치장을 마친 뒤였다. 빌리 역시 멋지게 차려입었지만 다소 긴장한 모습이었다. 아마 내가 자기보다 키가 더 클지 어떨지 걱정되는 눈치였다. 당시 여자 아이들 키는 보통 170cm에 가까웠는데 166cm에 불과한 빌리는 여자 동급생들보다 다소 작은 편이었다.

보통 여자들은 자신보다 키가 큰 남자와의 데이트를 꿈꾸곤 한다. 하지만 나는 그때 빌리가 키가 작다는 사실에 별로 개의치 않았다. 빌리가 공연장에 들어갈 땐 나를 먼저 들여보내주었고 안에서도 의자를 빼주는 등 신사다운 매너를 충분히 갖추고 있었기에 외모가 그리 중요하지 않았다.

음악회가 끝나고 헤어질 무렵, 빌리는 기숙사 앞에서 내 앞을 턱 가로막았다. 그 또래 아이들은 보통 "잘 자라"고 말하고 헤어지는 게 고작이었던 터라 나는 좀 긴장되었다.

'혹시 5인치 규정을 어기고 키스라도 하려나?

나는 사람의 속을 꿰뚫어보는 듯한 빌리의 시선에 얼굴이 새빨갛게 변했다. 가슴이 두근거렸다. 그의 얼굴이 점점 더 다가오더니 나에게 이렇게 말하는 것이었다.

"헤어지기 전에 함께 기도하자, 우리."

나는 '우리' 라는 말에 가슴이 더 뛰기 시작했다. 기도 내용은 단순했다. 음악회에 잘 다녀온 것에 감사하고 앞으로도 빌리와 내가 하나님 뜻대로 살게 해달라는 것이었다.

키스를 할 것이란 내 순진한 예상과 달리, 첫 만남을 하나님께 감사로 돌리는 빌리의 모습에 나는 감격했다. 빌리는 무척 신사다운 남자였다. 그때 나는 '이 남자의 신앙과 인격이라면 앞으로 계속 만나도 되겠다' 는 생각이 들었다.

빌리는 내가 짐작했던 것보다 사람을 자연스럽게 이끄는 능력이 풍부했다. 내가 빌리에게 가장 끌렸던 점 하나를 꼽으라면 바로 '리더십과 인격의 조화' 이다. 당시 어린 나이였고 학교에서 제법 인기가 많은 학생이었음에도 빌리는 결코 우쭐해하거나 자신을 내세우는 법이 없었다. 아마 그것은 빌리의 내면에 자리 잡은 굳건한 신앙과 건강한 자아의식 때문이 아니었을까싶다.

'김장환' 은 어려워

빌리는 대학교 1학년 때부터 교회에서 간증 설교를 하기 시작했다. 그는 이미 고등학교 3학년 때 신학과에 진학하기로 결심하고 주

말마다 선배들과 시골로 전도 집회를 다녔다. 나 역시 빌리가 강단
에 선 모습을 몇 번 봤었지만, 학생들에게 빌리의 강연은 특히 깊은
인상을 남겼다.

어떤 날은 비행기를 타고 아칸소 주에 가서 복음을 전하기도 했다.
암암리에 유명세가 퍼지자 빌리는 대학교 3학년 때쯤엔 이 도시 저
도시로 불려 다니는 유명 강사가 돼 있었다. 빌리가 바빠지면서 주
말에 나와 함께 지낼 시간은 별로 없었다. 하지만 그 점이 서운하기
보다 마치 내가 빌리의 일을 하는 것인 양 뿌듯함을 느끼곤 했다.

'빌리는 한국에서 어떻게 자랐어요?'

한 번은 빌리의 어린 시절이 궁금해 물어본 적이 있었다. 빌리는
자신이 한국전쟁 때 우연히 어떤 미군의 눈에 띄어 하우스보이가 된
사연과, 어머니 반대를 무릅 쓰고 미국까지 오게 된 사연을 들려주
었다. 빌리는 당시 칼 파워스라는 미군 상사의 눈에 띄어 미국유학
을 결심했는데, 칼 파워스는 당시 크리스천이 아니었는데 한국전쟁
의 참상을 보면서 자신이 단 한 명의 아이라도 구해야겠다는 생각을
하고 있었다.

하지만 당시 환갑이었던 빌리 엄마는 10년이라는 유학기간 동안
아들을 보지 못한다는 말에 미국행을 허락하지 않았다고 한다. 그러
나 아들의 결심으로 결단을 내렸고, 미국으로 가기 전날 옷에 부적

도 달아주고 흙 한 봉지도 싸주었다. 아들의 건강과 복을 기원하는 한국적인 풍습이었던 것이다.

"만약 빌리가 미국으로 오지 못했다면 이렇게 유명한 전도자가 될 수 없었겠죠?"

이야기를 듣는 도중에 묻자 빌리는 보일 듯 말듯 한 미소를 띠면서 대답했다.

"트루디도 만날 수 없었을 테고."

어린 소년인 빌리는 겁도 없이 아무 것도 모른 채로 미군을 따라갔지만, 나는 그 이면엔 그를 미국으로 인도하신 하나님의 섬세한 섭리가 계획돼 있었다고 믿는다. 전쟁 통에서 방과 후엔 나무를 하러 뒷산에 가야 했던 어린 소년. 그의 앞날을 내다본 하나님의 섭리가 그를 미국으로 보내셨던 게 아닐까?

나는 미국에 있을 때 빌리의 한국이름 대신 영어 이름을 불렀다. '김장환' 이라는 한국식 이름은 발음하기 너무 어려웠다. '장' 과 '환' 이란 글자가 모두 입을 오 므렸다 펴야 하는데 'Billy' 는 그냥 휘파람 불듯이 부르기 쉬웠다. 빌리는 가끔 그런 내게 "김장환, 김, 장, 환. 이렇게 발음해봐"하며 일부러 내 발음을 두고 놀리기도 했다.

하지만 빌리도 영어를 썩 잘했던 건 아니다. 각종 웅변대회에서 상을 타긴 했지만 빌리는 영어 발음이 약간 이상한 데다 문법이 틀릴 때도 많았다. 하지만 내게는 그런 점이 오히려 더 귀엽게 느껴졌다. 발음이 이상한 게 빌리의 매력 중 하나라고 하면, 친구들은 내게 "빌리한테 푹 빠지긴 빠졌다"고 나를 놀렸다.

사실 나는 빌리의 첫 번째 데이트 상대는 아니었다. 빌리는 나와 만나기 전에 작은 키에 귀엽게 생긴 바이올렛이라는 여학생과 사귄 적이 있다. 시카고 출신인 바이올렛은 나보다 1년 선배였는데 밥 존스에서 멋 좀 부린다는 여학생들 중에서도 단연 돋보였다. 바이올렛은 항상 손톱이 길었고 입술에 루즈를 바르고 다녔다. 학생으로서는 그야말로 파격이 아닐 수 없다. 굽슬굽슬하게 세팅한 머리를 보면 또래 같지 않은 조숙한 매력이 풍겼다.

밥 존스에서 바이올렛 같은 학생을 내버려둔 게 이상하다고 생각할지 모르겠지만 당시 우리 학교는 여학생들의 멋 내기에는 상당히 관대했다. 고등학생이 손톱에 매니큐어를 칠해도 자기 관리의 일종이라고 여겨 별다른 제재를 하지 않았다. 총장인 밥 존스 1세의 원칙은 그가 설교 시간에 종종 하는 말에서도 잘 드러났다.

"If the barn needs painting, paint it."(외양간도 칠할 필요가 있다면 칠해야 한다)

꾸며서 예쁘다면 꾸미는 게 더 낫다! 생각해보면 무척 단순한 사실이지만 여기에는 한 가지 중요한 원칙이 곁들여져야 한다. 그것은

"Do right until the stars fall"이라는 말로 '별이 하늘에서 떨어질 때까지 올바로 행동하라' 는 뜻이다. "A dog returns to his vomit"이라는 말도 했는데 '개는 자기가 토한 걸 다시 먹는다' 는 뜻이다. 밥 존스 1세의 이러한 균형적인 원칙은 여학생들이 자기 멋 내기에 충실하면서도 행실을 그르치지 않는 세련됨을 배울 수 있게 해주었다.

빌리가 바이올렛과 헤어진 이유에 대해선 잘 모르지만, 나는 빌리를 만날 때 특별히 더 꾸미거나 하진 않았다. 자연스러운 모습에서 나오는 매력이야말로 그 사람의 진정한 멋이라고 생각했기 때문이다. 빌리 역시 그런 내 모습에서 편안함을 느끼곤 했다. 나는 가끔씩 빌리를 볼 때 바이올렛을 떠올리면 내 모습과는 너무 대조적인 게 하닌가 하는 생각을 했다.

거절당한 첫 번째 프로포즈

빌리와 나는 내가 고등학교 3학년, 빌리가 대학교 2학년이 되었을 때 정식으로 데이트를 시작했다. 지금 생각하면 좀 우스운 얘기지만 나는 고등학교를 졸업한 뒤에 빌리에게 "결혼하지"고 제의한 적이 있다.

"난 대학 졸업 안 한 여자와 결혼 안 해."

나는 진지하게 말을 꺼냈지만 빌리는 내 말을 단칼에 잘라버렸다.

빌리는 "나와 결혼하고 싶으면 대학을 졸업하라"고 말했다. 당시엔 빌리가 대학을 졸업하면 한국으로 돌아가 버릴 것 같은 조바심 때문에 꺼낸 말이었지만 사실 한국에 가서 살 생각은 해보지도 못했다. 내게 한국이 너무 먼 나라이기도 했지만, 아직 결혼할 나이도 아니었기 때문이다. 하지만 빌리는 내 말을 단지 흘려듣기만 한 건 아니었다.

"대신 고등학교 졸업 반지를 서로 바꿔 끼면 어떨까? 그럼 우리가 서로를 믿고 있다는 증표가 될 테니까."

빌리의 말에 나는 감격의 눈물이 핑 돌았다. 서로 교제하고 있으면서도 정식으로 사귄다는 생각이 안 들었던 터라 빌리의 배려가 어떤 확신을 주는 것만 같았기 때문이다. 이후 나는 빌리와 같은 해에 대학을 졸업하겠다는 계획을 세우고 공부에 전념했다. 학기 중에는 최대한 수강 신청을 많이 했고, 방학 때는 서머스쿨에 다녔다. 집에 갈 때는 어머니에게 라틴어를 배워 학점을 채웠다. 어머니는 교사 자격증이 있으셨기 때문에 수업을 받으면 정규 교육으로 인정받을 수 있었다.

대개는 밤 11시까지 공부하고도 새벽에 일어나 공부하는 일이 많았다. 3시간만 자고 공부했던 적도 있다. 그러면서도 평일에는 식당에서 서빙, 토요일에는 세탁소에서 아침부터 저녁까지 아르바이트를 했다. 정말 하루하루가 정신없이 흘러갔다. 이런 노력 끝에 빌리가 대학교 3학년 때 나도 같은 학년으로 진급할 수 있었다. 빌리는 이미 4학년 과목을 상당수 이수한 상태였고, 나는 이제 막 시작하는 단계였지만 빌리와 함께 공부할 수 있다는 것만으로도 가슴이 벅찼다.

'빌리와 함께 졸업하면 정식으로 프로포즈를 받을 수 있을 거야.'
그렇게 부푼 마음으로 매일 도서관에서 살다시피 했다. 하지만 어느 날 생각지도 못했던 위기가 찾아왔다. 도서관에서 가끔 마주치는 돈이라는 남학생과 얘기하고 있는 내 모습을 보고 빌리가 오해를 했던 것이다. 나는 돈 옆에서 빌리에게 반갑게 인사했지만, 빌리는 창백한 얼굴로 아무 말 없이 그냥 지나가버렸다. 나는 '무슨 안 좋은 일이라도 있나?' 하면서 걱정하긴 했지만 그 일을 크게 신경 쓰진 않았다.

그 날 저녁 빌리는 기숙사까지 날 찾아왔다.
"그 남자는 누구야?"
"돈은 도서관에서 알게 된 친구예요."
빌리는 내 말을 듣더니 손에서 끼고 있던 반지를 빼주면서 말했다.
"우리 헤어지는 게 좋겠어."
내게 설명할 기회도 주지 않고 딱 한 마디 그렇게 하는 빌리를 보면서 나는 큰 오해가 있다는 걸 비로소 깨달았다. 하지만 그 순간에는 이런저런 얘기를 해봐야 변명밖엔 안 될 것 같아서 조용히 빌리의 반지를 돌려주었다. 빌리가 감정적으로 동요된 상태이고, 나중에 화가 풀릴 거라고 생각해 일단 위기상황을 넘겨야겠다고 생각한 것이다.

하지만 그건 순전히 내 착각이었다. 빌리는 나와 만나지 않기로 이미 결심한 것 같았다. 방학이 되고 내가 미시간에 가 있는 동안에도 빌리는 단 한 번도 연락하지 않았다. 나 또한 빌리에게 연락하지 않아 거의 넉달 동안 연락이 끊긴 상태였다. 4년 동안 사귀면서 처음 있는 일이었다. 지금 생각하면 서로 자존심 때문에 그랬던 것 같다. 개학을 하면 빌리가 자연스럽게 화해를 하자고 찾아오리라 생각했지만 나만의 착각이었다.

개학을 하고 11월 마지막 주, 추수감사절을 기념하는 축구대회가 열렸다. 나는 올해를 넘긴다면 이대로 헤어지게 될 거라고 생각했기에 마음을 단단히 먹고 빌리를 찾아갔다. 축구부 주장인 빌리를 응원하면서 자연스럽게 화해를 하면 좋겠다고 생각했다. 나는 운동장에서 몸을 풀고 있는 빌리에게 다가갔다. 빌리 또한 나를 보고 놀란 눈치였는데 일부러 아무렇지 않은 척했다.

"오늘 이길 자신 있죠?"

"물론."

단답형인 빌리가 야속했지만 나는 마음속에 있는 말을 전했다.

"중요하다고 생각하는 일이면 목적을 꼭 달성하기 바래요."

"고마워."

어색하면서도 무미건조한 대화는 그리 오래 가지 못했다. 경기는 시작되었고 나는 응원석에서 빌리 팀을 응원했다. 결과는 빌리팀의 승리. 하지만 경기가 끝난 뒤 어수선한 분위기 속에서 빌리를 다시 만날 수 없었다. 나는 기숙사로 돌아와 조용히 빌리를 기다렸다. 예상대로 빌리는 저녁쯤에 나를 찾아왔다.

"우리, 다시 사귈래요?"

"우리가 언제 헤어졌어?"

빌리의 말에 나는 환하게 웃으며 대답했다.

"네 마음을 알아보려고 반지를 빼준 건데 너도 반지를 돌려줘서 네 마음이 변했다고 생각했어. 개학하고 나서 네가 그 남학생과 아무런 사이가 아니란 걸 알았지만 자존심 때문에 다시 찾아가지 못했거든. 낮에 나를 먼저 찾아와줘서 고마워. 우리 다시는 헤어지지 말자."

빌리는 반지를 다시 내밀면서 속마음을 털어놓았다. 나는 "헤어지지 말자"는 빌리의 말에 눈물이 핑 돌았다. 그리고 그 순간, 앞으로 우리가 결혼하게 될 것 같다는 예감이 들었다.

빌리의 신부가 되다

빌리는 1958년 5월에 대학을 졸업했다. 나는 남은 과목을 이수하느라 그보다 3개월 늦은 8월에 졸업했다. 나는 고등학교를 2년 반, 대학교를 2년 반 만에 졸업했고 빌리는 고등학교를 2년 반, 대학교를 3년 반 만에 졸업한 셈이다. 빌리는 졸업할 당시에 이미 대학원에서 공부할 과목을 이수한 상태였다.

내가 대학교를 빨리 졸업할 수 있었던 건 순전히 페기 언니의 도움 때문이다. 언니는 내게 어떤 과목을 배우면 좋을지, 어떻게 하면 빨리 졸업할 수 있는지 모든 노하우를 고스란히 일러주었다. 학교에서 배운 서머스쿨과 홈스쿨링을 비롯해 다양한 제도를 통해 학점을 더 빨리 이수할 수 있도록 도와준 것이다. 대학에서 전공학과를 정한 것도 엄마의 영향도 있었지만 '선생님이 되면 보람이 있을 것' 이라는 언니의 말에 영향을 받아 교육학과로 정한 것이니 페기 언니에게 많은 빚을 진 셈이다.

빌리와 나는 졸업한 지 일주일 만인 1958년 8월 8일 저녁 8시, 미시간 주 그린빌 감리교회에서 결혼을 했다. 내가 졸업 전에 빌리에게 "이제 프로포즈 할 때도 되지 않았나요?"하고 묻자 "날짜를 잡아 놨다”고 대답해 깜짝 놀랐다. 빌리도 오래 전부터 나와 결혼할 마음을 갖고 있었던 것이다.

결혼식 당일에 한국에서는 아무도 오지 못했다. 칼 파워스 상사가 빌리의 들러리 역할을 했을 뿐이다. 나는 결혼할 때까지도 한국의 시집 사정을 잘 몰랐다. 빌리는 아버지가 안 계시고 어머니는 연세가 많다는 것만 알고 있었다. 빌리에게 집안 얘기를 자세히 묻지 않은 건 남자들이 장황한 설명을 별로 안 좋아한다는 걸 알았기 때문이다. 또 빌리를 선택한 이상 조건이 문제될 건 없었다.

어떻게 보면 나는 시댁 식구 누구한테도 허락을 받지 않고 결혼을 한 셈이다. 빌리는 나와의 결혼을 결심한 뒤 한국에 ‘미국 여자와 결혼하게 된다’는 편지를 써서 결혼을 알렸다. 개인 전화도 없고 한국에 다녀올 여건도 못 되니 일방적으로 결정할 수밖에 없었다.

하지만 빌리와의 결혼이 마냥 호락호락했던 건 아니다. 시어머니 같은 칼 파워스의 험난한 시험을 통과해야 했기 때문이다. 파워스는 빌리를 한국에서 데려올 당시 빌리 어머니에게 “빌리를 공부시킨 뒤 반드시 한국으로 돌려보낼 것”이라고 약속했기에 미국 여자인 나와의 결혼을 반대했다. 아마 결혼하면 한국으로 돌아가기 어려울 거라고 생각했던 것 같다.

광산촌인 버지니아 주 단체의 깊은 산골에 살던 파워스는 광산촌으로 시집을 오는 처녀가 없어서 결혼도 못하고 있었다. 그랬던 그이기에 미국 여자가 가난한 한국으로 시집갈 리 없다면서 나를 못마땅하게 여겼던 것이다. 나는 파워스의 부름에 시험 당하는 줄도 모르고 음식준비와 집안 청소를 열심히 했다. 거리낌 없이 집안일을 하는 나를 보고 파워스는 결국 두 손 두 발 다 들고 말았다.

"트루디 같은 여자가 있었다면 나도 결혼할 수 있었을 텐데…."

파워스는 농담처럼 그렇게 말하면서 빌리와의 결혼을 축하해주었다. 하지만 더 큰 난관은 미국인인 우리 부모님을 설득하는 일이었다. 나는 부모님이 빌리를 반대하면 결혼하지 않을 작정이었기에 주님께 이렇게 기도했다.

'주님, 빌리가 제 남편감이 아니라면 이 결혼을 막아주세요.'
물론 빌리가 너무 좋긴 했지만 가족들과 주변 사람들을 불편하게 하면서까지 결혼해선 안 된다는 게 내 생각이었다. 어머니께서는 역시나 "가난한 한국에 시집보낼 수 없다"면서 극구 반대를 하셨다. 어머니는 무엇보다 결혼한 뒤 태어날 아이들 때문에 결혼을 선뜻 승낙하지 못하셨다. 혼혈아 신분으로 한국에서 살기 힘들 테고, 나중에 미국에 와도 쉽게 적응할 수 없을 거라고 걱정했던 것이다.
어머니의 친한 친구인 교회 목사님께서 아프리카에서 오랜 선교

생활을 했는데, 내가 한국 사람하고 결혼한다고 하자 "백인은 백인끼리 결혼하는 게 좋다"고 조언해주셨다. 어머니는 목사님을 포함해 주변에 여러 사람들에게 조언을 구했다.

아버지께서는 내가 예비 목사님과 결혼하는 걸 찬성해 두 분의 의견이 갈렸다. 상황이 복잡해지면서 나는 빌리와의 결혼을 망설일 수밖에 없었다.

'여기까지 와서 결혼을 포기해야 하는 걸까?'

거의 포기할 뻔했지만 주님은 빌리와의 결혼을 예비해두고 계셨던 것 같다. 어머니는 고민 끝에 밥 존스 대학교 총장을 만나 빌리가 어떤 사람인지 설명해달라고 말했다. 총장이 "빌리만한 신랑감을 찾긴 어려울 것"이라고 말하자 어머니께서도 어쩔 수 없이 결혼을 허락하기로 결심했다. 당시만 해도 국제결혼이 큰 이슈였지만, 빌리와 나는 하나님의 인도하심을 따라 별다른 어려움 없이 결혼식을 할 수 있었다.

제2장

아내
트루디

빌리의 결심, 나의 결심

결혼한 뒤에도 우리 부부는 무척 바쁘게 생활했다. 남편 빌리는 주말마다 설교를 했고, 많진 않았지만 그 사례비로 월세와 식료품비, 대학원 학비 등을 낼 수 있었다. 남은 돈은 꼬박 꼬박 저축했다. 결혼한 뒤에는 거의 전투적인 생활을 했던 것 같다. 빌리는 1년 안에 석사학위를 받는다는 목표를 세웠다. 이미 대학원 과목을 이수한 상태이긴 했지만, 1년 안에 석사학위를 받는다는 게 결코 쉬운 일은 아니었다. 빌리가 매일 논문을 쓰면 자료를 찾아주고 타이핑하는 건 내 몫이었다. 그렇게 바쁜 와중에도 주말이면 빌리와 시골로 전도집회를 하러 다녔다.

정말 허니문은 꿈같은 말이었다. 주변에 어떤 이들은 빌리와 내가 너무 빡빡하게 산다면서 "신혼을 좀 더 즐기라"고 말했지만 나는 생활에 불만은 없었다. 정신없이 바빴지만 빌리가 늘 다정다감하게 대해줘 행복하게 지낼 수 있었다. 주의 일을 하는 남편을 따라다니는 사모의 행복을 그때부터 조금씩 알게 된 것 같다. 빌리는 결국 목표한 대로 1년 만에 석사학위를 받았고, 우리는 손을 맞잡고 "둘이서 최선을 다해 힘을 합친 결과"라면서 좋아했다.

빌리의 이름이 알려지면서 설교를 요청하는 교회들도 많았다. 빌리는 내친 김에 박사까지 하려고 했지만 가족들의 전도를 미룰 수 없다고 생각한 듯싶었다.

"한국으로 가야겠소."

빌리는 어느 날 내게 선포했다. 빌리의 소망은 하루빨리 늙은 어머니를 전도하는 것이었다. 평온한 생활을 이어오다가 남편의 폭탄선언을 들었지만 나는 전혀 놀라지 않았다. 내가 빌리였다고 해도 똑같이 말했을 것이다. 내 동의를 구하고 결심을 굳힌 빌리는 한국으로 돌아갈 채비를 했다. 모든 게 편리한 미국에 살면서도 빌리는 틈틈이 한국을 향한 소망을 버리지 않았다. 나는 한국으로 돌아가길 작정한 남편과 결혼한 이상, 빌리의 결정을 따르기로 했다.

우리는 한국으로 떠나기로 결심하고 1959년 11월 떠나는 배표를 샀다. 당시 남편은 내 수입까지 모두 관리했는데, 행여 내가 돈을 다 써버리면 한국으로 돌아갈 배표를 사지 못할까봐 그랬다고 한다.

한국에 돌아가기 전 작별 인사를 겸한 모금여행을 떠났다. 사우스캐롤라이나에서 출발해 테네시, 노스캐롤라이나, 조지아, 버지니아, 오하이오, 미시간, 아이오와, 네브래스카 등을 돌면서 모금했다.

남편과 나는 늘 하나님께 이렇게 기도했다.

'매달 50달러를 지원하겠다고 약속한 단체가 있다면 한국으로 가겠습니다.'

그런데 여행의 첫 번째 목적지인 캔톤 침례교회에서 그 응답을 받았다. 교회 측에서 매달 50달러를 지원하겠다고 약속한 것이다. 매달 50불 지원은 50여년전 당시 교회 입장에서는 큰 결정이었다. 빌리는 이후 밥 존스 출신 교회들을 돌면서 여러 번 설교했다.

"저는 가난한 한국에서 태어나 고등학생 때 미군을 따라서 미국으로 건너오게 되었습니다. 이후 피땀 흘린 노력 끝에 밥 존스대학교를 졸업하고 한국행을 결심했습니다. 한국에 돌아가면 주님을 모르는 청소년들을 위해 일하고 싶습니다. 한국은 반드시 복음으로 변해야 합니다. 제 생각에 동의하신다면 선교 헌금을 작정해주십시오!"

빌리의 말에 사람들은 곧바로 감동했고 선교 헌금을 보내주겠다는 약속을 했다. 가는 곳마다 사람들이 큰 호응 속에서 우리를 반겨줘 빌리와 나는 용기를 얻을 수 있었다.

대학교 때 빌리와 함께 전도 여행을 다녔던 패트릭 도니라는 친구는 자신이 따로 모금을 해 포드 픽업트럭을 우리에게 선물하기도 했다. 빌리와 친분이 깊은 왈도 예거 장로는 빌리가 대학원을 졸업하고 목사 안수를 받자 빨리 한국으로 가라고 했다. 그는 오하이오 주 기독 실업인들을 모아 세계기독봉사회를 조직한 뒤 나와 빌리를 한국 선교사로 파송할 계획이었다고 했다. 빌리와 나를 한국으로 보내기 위한 주님의 계획은 이처럼 오묘하고 섬세했다. 게다가 예거 장

로는 빌리의 양아버지를 자청하고 여러 가지 지원을 아낌없이 해주
기로 했다.

빌리와 나는 무릎을 꿇고 주님 앞에 감사의 기도를 올렸다.

"주님, 부족한 우리 부부를 사용해주셔서 감사합니다. 한국에 돌
아가면 주님의 뜻을 이룰 수 있도록 도와주세요."

나는 빌리 모르게 속으로 한 가지 기도를 덧붙였다.

'저는 한국말도 모르고, 한국에 대해 아는 것이 아무것도 없습니
다. 빌리와 함께 한국에 가서 제가 할 일을 알려주시고, 낯선 곳에서
주님의 뜻을 이룰 수 있도록 인도해주세요.'

그 당시 내게 한국은 아프리카처럼 먼 이름이었지만, 척박한 땅에
서 꽃을 피울 수 있기를 마음속으로 간절히 기도했다.

멀고도 낯선 땅 한국

1959년 11월, 미국 샌프란시스코에서 메이든 크리크라는 화물선을
타고 한국으로 향했다. 어릴 때 효숫가에서 고무보트를 타고 놀기
도 했지만, 그렇게 큰 배를 탄 것은 난생 처음이었다. 태평양을 건너
는 동안 망망대해가 끝도 없이 펼쳐졌다. 배를 타고 오는 17일 동안
남편과 내가 한 일이라곤 간판에 앉아 책을 읽거나 대화하는 것뿐이
었다. 우리 부부는 크루즈 신혼여행을 한다는 생각으로 즐겁게 지냈

다. 대화 소재는 주로 한국에서 어떻게 생활할 것인지에 초점이 맞춰졌다.

"한국에서는 영어를 못 쓸 텐데, 내가 한국말을 잘 할 수 있을지 걱정돼요."

"알고 보면 한국말 그렇게 어렵지 않아."

빌리는 내가 한글을 하나도 모른다는 게 걱정되는지 틈만 나면 한글을 가르쳤다.

"자, 나를 따라해 봐. '시어머니, 안녕하셨어요.'"

"난 당신 한국 이름도 잘 못 부르잖아요."

나는 한국말이 낯설어 남편에게 항변했다.

그동안 미국에서는 너무 바빴기 때문에 한국어를 배울 기회가 거의 없었다. 남편은 그런 내게 자음과 모음을 가르쳤고, 자음과 모음을 합친 '가갸거겨'를 열심히 외우도록 했다. 남편의 정성 때문인지 한국에서 살게 된 이후에도 나는 한글을 쉽게 익힐 수 있었다.

영어는 발음 기호가 굉장히 다양한데 한글은 발음이 딱 한 가지로 통일돼 있어서 쉽다. 한글은 'ㄱ'과 'ㅏ'를 합치면 '가'가 되지만 영어는 g와 a가 어떤 스펠과 합쳐지는지에 따라 발음이 수없이 달라진다. 한글은 다른 면에서도 그렇지만 특히 발음 기호 면에서는 대단히 뛰어난 문자라고 생각한다. 그래도 '장환'이라는 이름은 여전히 정확하게 발음하기 어려운 게 사실이다.

17일 간의 긴 항해 끝에 1959년 12월 12일 밤 8시에 부산에 도착했다. 밤에 도착하는 바람에 한국의 전체적인 풍경은 볼 수 없었다. 대신 불빛 하나 만큼은 점점이 아름다웠던 기억이 난다. 샌프란시스코와 너무 닮아 있어서 부산도 그처럼 좋은 집이 많겠거니 했을 뿐이다. 하지만 그건 내 착각이었다. 배에서 자고 아침에 갑판에 나갔을 때 눈앞에는 믿을 수 없는 풍경이 펼쳐졌다. 아름답던 불빛은 알고 보니 수많은 오두막집에서 나온 것이었고 산은 황폐하기만 해 모든 것이 신기하고 낯설었다.

우리는 미국에서 가져온 짐을 인천행 배로 옮겨 싣도록 조치한 뒤 입국 수속을 했다. 그러던 중 한국 기자가 갑자기 우리에게 취재 요청을 해왔다. 당시만 해도 한국 남자가 미국 여자와 결혼했다는 게 뉴스거리였다. 기자는 우리를 한 다방으로 데려갔는데 기자 뒤를 따라간 나는 그가 다방 문을 탁 놓는 바람에 문에 머리를 부딪치고 말았다. 미국에서처럼 당연히 문을 열고 기다려줄 거라 생각했지만 착각이었다.

'한국에서는 남자가 여자에게 문을 열어주지 않는구나.'

내가 한국에서 낯선 기자를 통해 배운 사실은 바로 '한국과 미국의 예절이 다르다'는 것이었다. 어쩐지 좀 서운한 생각이 들었지만 어쩌랴. 로마에 가면 로마법을 따라야 하듯, 한국 사람들이 사는 방법에 익숙해질 수밖에.

남편이 이발소에서 이발을 하는 동안 거리를 둘러보던 나는 한국 사람들이 신기한 듯 쳐다보는 시선에 놀랐다. 특히 아이들은 내가 어디를 가든지 소리를 지르면서 따라오곤 했다.

"야, 미국 사람이야! 머리 색깔도 다르고 코도 무지 크다! 헬로우~!"

나는 원래 아이들을 무척 좋아해 그런 장난에도 스스럼없이 받아주었다. 아이들은 오히려 내가 눈을 맞추고 활짝 웃어주면 얼굴이 빨개져서 달아나곤 했다. 한국의 아이들은 무척 순박하고 착한 아이들이라는 생각이 들었다.

남편과 오후 늦게 인천 가는 배를 타면서 나는 가슴이 두근거리기 시작했다. 남편의 가족들을 처음 만나는 순간을 눈앞에 두고 있었다.

'과연 어떤 분들일까? 만약 나를 환영해주지 않으면 어쩌지?'

걱정과 호기심이 복잡하게 뒤섞이고 있었는데 남편은 갑판에서 먼 데만 보고 있었다. 아마 오랜 만에 만나는 어머니와 가족들이 어떻게 달라져있을지 몹시 궁금한 눈치였다.

1959년 12월 13일에 인천 앞바다에 화물선이 도착했다. 당시가 썰물 때라서 작은 배로 옮겨 탄 뒤에 갯벌까지 나가 걸어서 부두로 나왔다. 우리가 가져온 짐이라곤 픽업트럭 한 대, 작은 냉장고, 그리고 가방 3개가 전부였다. 가방 속에는 책과 전자제품 몇 가지, 그리고 옷가지들이 들어 있었다. 가방을 들고 부두로 걸어 나오는데 사람들이 구름떼처럼 몰려 있어 나는 깜짝 놀라고 말았다. 얼핏 200명 남짓한 사람들이 우리를 뚫어지게 바라보고 있었던 것이다.

"웬 사람들이 이렇게 많지? 전부다 빌리 친척이에요?"
"아니 나도 모르는 사람도 있는데, 오늘 무슨 날인 건지도 몰라."

남편도 고개를 갸웃거렸다. 알고 보니 30명 정도는 수원에서 온 친척들이고 나머지는 미국 사람을 처음 보는 구경꾼들이었다.
"아이고, 장환아!"
우리가 가까이 가자 주름살 많은 할머니가 남편의 목을 끌어안았다. 시어머니는 8년 만에 돌아오는 아들을 초조하게 기다리다가 남편의 모습을 알아보고 달려 나왔다. 그 다음엔 돌아서서 나를 껴안고 눈물을 흘리면서 우셨다.
"네가 장환이 색시냐? 예쁘게도 생겼구나. 꼭 한국사람 같네."
나중에 들은 얘기지만 어머니는 눈이 파랗고 키가 큰 미국 여사를 상상하면서 "장환이 색시가 저렇게 생겼으면 어쩌냐"고 걱정하셨다고 한다. 한데 갈색 눈동자에 갈색 머리인데다 키도 작은 내가 몹시 반가우셨던 모양이다. 당시 어머니의 손에서 전해지는 따뜻한 체온을 느끼면서 '나도 한 식구가 됐다'는 생각이 들었다. 시어머니는 아들을 미국으로 유학 보낼 때 미국이란 낯선 나라에 이미 마음 문을 여셨던 건지 모르겠다.

하지만 마을 사람들의 초라한 행색은 한편으로 내 마음을 아프게 했다. 어디를 가든 가난한 사람들은 겨울에 특히 더 눈에 띄는 법이다. 얇은 코트에 살만 겨우 가린 아이들의 모습은 너무나 안쓰러웠다. 조카들은 내 손을 꼭 잡으면서 나를 반겨준다는 신호를 보냈다.

어떤 이들은 "처음 한국에 왔을 때 다시 미국으로 돌아가고 싶지 않았느냐"고 묻곤 한다. 물론 내가 당시 한국의 가난했던 풍경에 충격을 받은 건 사실이다. 하지만 나는 정(情)이 많은 한국의 인심과 가족적인 문화에 안심했다. 한국의 풍습과 문화에 대해 잘 모르는 부분은 차근차근 배우면 된다고 생각했던 것이다. 'Bloom where you are planted(뿌리 내린 곳에서 꽃피우다)' 는 내가 가장 좋아하는 말이다. 나는 배에서 내린 그 순간부터 한국 며느리가 되기로 결심했다.

한국에서의 며느리 수업

수원에 도착할 때쯤 날은 벌써 칠흑처럼 어두워져 있었다. 초가집 마당에는 사람들이 모두 모여 있었다. 우리 부부가 들어서자 모두들 신기하다는 눈으로 우릴 봤는데, 고등학생 때 미국을 떠난 빌리가 미국인 부인을 데려오자 무척 새롭게 보이는 모양이었다.

나는 영문도 모른 채 시어머니를 따라 방으로 들어가서 한복으로 갈아입었다. 처음 입는 한복이라서 그런지 저고리 매무새 등 모든 것이 어색하기만 했다. 한복을 입고 나오자 누군가 내가 배가 고플 거라고 생각했는지 국수를 권했다. 마침 오랜 여행으로 시장했던 나는 반가운 마음으로 상에 앉았다.

"빌리, 포크는 어디 있어요?"

스파게티처럼 생긴 국수를 마주한 나는 젓가락 사용법을 몰라 남편에게 물었다. 빌리는 재미있다는 듯 웃으면서 "젓가락으로 이렇게 저어서 먹는다"면서 시범을 보였다. 어렵게 젓가락질을 따라 하면서 국수를 집어 올리는데 나도 모르게 비명이 터져 나왔다.

"국수에 웬 생선이 둥둥 떠다니는 거죠?"

잔치국수에 들어간 멸치는 마치 살아서 헤엄치는 것처럼 보였다. 나는 깜짝 놀라서 기겁을 하고 있는데 마을 사람들은 그 장면을 보고 모두 박장대소를 하는 것이다. 시어머니는 망설이는 내게 "어서 들라"며 먹는 시늉을 하는데 도무지 국수에 손이 가질 않았다. 국물이라도 마시려 했지만 비린내 때문에 넘어가지 않았다. 그때 난생 처음 본 김치도 신맛 때문에 손도 못 댔다. 지금 내 식성을 아는 분들이라면 웃음이 터질 일이지만 처음 시집왔을 때는 그랬다.

"자, 따라 해봐. '어머님, 여기 앉으십시오.'"

시어머니는 건넌방으로 나를 불러들이더니 한국말을 가르치기 시작했다. 그 방에는 시어머니 친구들도 잔뜩 모여 있어서 어머니는 의기양양한 태도로 나를 가르쳤다.

"어머니, 여키 앉으시오."

내가 어눌하게 말을 하자 또 다시 폭소가 터졌다. 시어머니는 '어머니'가 아니라 '어머님'이라고 고쳐주었다. 그때는 한국말을 다 이해할 수 없었지만 시어머니가 손짓을 곁들여 말했기 때문에 뜻은 이해가 갔다. 그날 저녁에 "감사합니다." "안녕하세요" 같은 인사를 배웠다.

우리집에는 큰형님 내외와 조카 9명, 시어머니, 우리 부부까지 모두 14명이 모여 살았다. 어머니는 방 3개 중 건너방을 우리 신방으로 내주셨는데 미국에서 가져온 책들과 몇몇 가재도구를 풀어두니 누울 공간이 겨우 남았다. 어머니는 미국인 며느리가 추울까봐 방바닥에 담요를 깔아두셨다. 자세히 보니 전에 미국에서 선물로 보내드렸던 것이었다. 우리가 보낸 선물을 아껴뒀다가 다시 내놓는 어머님의 모습을 보면서 나는 감동을 받았다. '시어머니께 사랑받을 수 있겠다'는 약간의 자신감이 생긴 것이다.

다음날 아침에 나는 일부러 일찍 일어났다. 미국에서도 아침 일찍 일어나는 습관이 있었기 때문에 별로 어려운 일이 아니었다. 나는 식사준비든 뭐든 도울 생각으로 부엌으로 들어갔다. 예상대로 맏동서가 혼자 아침 준비를 하고 있었다. 내가 들어가려고 하자 "안 된다"면서 나를 만류하기에 "There is something I can do to help my family(가족을 위해 무엇이든 돕고 싶어요)"라고 나도 모르게 영어가 나와 버렸다.

나중이 되어서야 나는 결혼한 새색시는 며칠 동안 일을 시키지 않는다는 사실을 알게 되었다.

하지만 그대로 있는 건 어쩐지 염치가 없는 일 같았다. 미국에서는 결혼한 뒤에도 자기 생계나 생활의 문제는 개인이 그대로 책임을 진다. 무엇이든 스스로 해결하는 자립심이 강했던 나는 어느 날 뭔가 할 일을 찾다가 진흙이 묻은 시아주버니의 바지를 솔로 털어냈다. 옷을 털고 있으니까 시어머니가 나를 말렸지만 시어머니 얼굴에는 웃음이 배어 있었다. 적응하기 위해 노력하는 내 모습이 좋아 보였던 모양이다.

미국인 며느리의 한국 음식 적응기

"또 남겼네."

시어머니는 늘 내 밥상에 밥을 가득 얹어주셨지만, 반찬이 좀처럼 입에 맞지 않았던 나는 밥에 거의 손도 대지 못했다. 나를 생각해 달걀 프라이를 해서 올려주기도 하셨지만, 들기름 냄새 때문에 역시 먹질 못했다. 나 또한 시어머니가 정성스레 만든 음식을 성의껏 먹고 싶은데, 20여 년 동안 입에 밴 식습관은 하루아침에 바뀌기 어려웠다.

"어머님, 죄송한데 고추장이 너무 맵고 김치는 너무 시어서요."

어쨌든 먹지 않으면 제대로 활동할 수 없었기 때문에 나는 집안에 있는 각종 과자를 찾아 먹었다. 그때 누군가 나를 위해 '센베이'라는 과자를 사다줘서 그나마 먹을거리로 삼을 수 있었다. 한국 음식을 먹지 못하는 건 남편도 마찬가지였다. 남편은 한국 사람인데도 지난 8년 동안 입맛이 서구식으로 완전히 바뀌어버린 것이다. 게다가 남편은 나보다 비위가 약해서 시골 생활에 쉽게 적응하질 못했다.

어느 날은 남편이 나를 방으로 조용하게 불렀다.

"당신, 배고프지? 과자만 먹는 것도 하루 이틀이지. 이것 좀 마셔봐."

내 앞에는 향긋한 인스턴트 커피가 놓여 있었다. 남편을 잘 아는 친구가 선물해준 것이라고 했다. 비록 미국에서 먹던 것과 비교할 순 없었지만, 설탕을 타서 마시니 제법 마실 만했다. 이후 커피는 센베이와 함께 내가 한국에서 마음 놓고 먹었던 음식이 되었다. 처음엔 남편과 단 둘이 몰래 마시던 것이 시어머니에게 들켜 식후에 셋이나 나란히 마시게 되었다. 시어머니는 특히 저녁을 먹고 난 뒤 우리와 커피 마시는 걸 무척 좋아하셨다.

'이렇게 불편한 생활을 언제까지 할 수 있을까…'
잠자리에 누워 이런 생각을 하고 있노라면 나도 모르게 마음이 약해지곤 했다. 그럴 때면 내 마음속에 있는 성령님의 조용한 음성이 들려왔다.
'트루디, 나는 특별한 목적을 갖고 너를 한국으로 보냈다. 네가 조금만 참고 견디면 너는 한국에서 아름다운 꽃을 피울 수 있을 거야.'
성령님의 음성을 듣고 난 뒤에는 조용히 혼자서 찬송을 불렀다. 그러면 '이미 선교사로 각오를 하고 왔으니 불편한 것쯤은 문제가 아니다' 라는 결연한 의지가 샘솟았다.

시어머니는 내가 한국에 온 뒤부터 나를 데리고 동네를 돌아다니는 게 일이셨다. 회갑집, 돌집 등 잔칫집에 데리고 가서 나를 사람들에게 소개해주는 것이다.
"안녕하세요. 나는 트루디라고 합니다."
또렷한 한국어로 인사를 건네면 사람들은 대개 나를 반갑게 맞아주었다. 나 역시 내 일거수일투족을 보며 웃음을 터뜨리는 동네 아주머니들과 쉽게 친해졌다. 내가 잔칫집에 가는 걸 좋아했던 이유 중 하나는 음식 때문이다. 국수는 여전히 입에 댈 수 없었지만 잡채

나 부침개 등 기름을 사용한 음식들은 내 입맛을 살려주었다.

내가 잡채나 부침개 등을 집어먹고 있는 모습을 보면 모두들 박수를 치면서 좋아했다. 나는 '내가 뭘 잘못했나' 하고 시어머니 쪽을 보면 어머니는 혼자서 빙그레 웃고 계셨다. 시어머니가 나를 창피하게 여기지 않고 동네 사람들에게 자랑하는 게 얼마나 다행스러운 일이었는지 모른다.

한 번은 수원 10전투비행단의 이경철 대령이 한국 파일럿들에게 성경을 가르쳐달라고 남편에게 부탁했다. 덕분에 남편과 나는 10전투비행단에는 미국 군인 40여 명이 이용하는 식당에서 밥을 먹을 수 있었다. 나는 지금도 그곳에서 먹었던 프라이드치킨 맛을 잊을 수 없다. 우리는 가끔 비행단 식당에 가서 밥을 먹고 커피나 아이스크림을 사다가 가족들과 나눠 먹었다.

한국에 온 지 한 달쯤 지나면서부터 내 입맛이 서서히 한국식으로 적응을 하기 시작했다. 내가 제일 먼저 환호했던 음식은 바로 갈비탕이다. 추운 겨울에 따뜻한 고기 국물을 먹으면 속도 풀리고 힘이 났다. 주말 저녁이면 친구가 선물한 전기 프라이팬으로 과자와 빵을 만들어 먹었는데 시어머니는 내가 만든 과자를 무척 좋아하셨다. 내가 밀가루로 과자를 만들 때마다 시어머니는 이렇게 말씀하시곤 했다.

"미국 사람들이 왜 부자인지 알겠다. 밀가루를 갖고 별걸 다 해먹는구나."

한국 사람들이 수제비나 부침개, 국수를 해먹는 게 고작인 반면 미국 사람들은 과자와 빵을 만든다면서 신기해하시는 것이다. 미군 부대에서 구해온 닭고기와 버섯으로 크림 수프와 버섯 수프를 만들어드리면 "죽을 이렇게 끓일 수도 있다니 신기하다"면서 아주 맛있게 드셨다.

한국 살림이란 이런 것

"사모님, 한국말이 많이 늘었네요?"

한국에 온 뒤로 계절이 겨울에서 봄으로 바뀌면서 한국말에 조금씩 익숙해졌다. 이따금씩 동네 아주머니들과 마주치면 자연스럽게 인사할 수준이 되면서 이런 저런 동네 이야기들을 듣게 되었다. 저녁밥을 먹고 나면 시어머니와 맏동서가 나를 데리고 옆집으로 놀러 갔다. 때로는 동네 아주머니들이 우리 집으로 놀러오기도 했다. 미국에서는 밤에 외출하는 일이 없기 때문에 나는 밤에 마실가는 게 너무 신기하고 재미있었다.

“이것은 청단이라고 하고, 그림이 이렇게 맞았을 때 점수를 따게 되는 거야.”

동네 아주머니들이 모이면 툭하면 화투를 쳤다. 그 당시 나는 화투라는 걸 몰랐기 때문에 맏동서에게 화투하는 법을 배웠다. 동네 아주머니들은 화투가 일제강점기에 ‘마을 사람들의 화합을 저해하려는 목적’으로 조선에 들어왔다고 말씀하셨다. 하지만 공동체 의식을 해치기는커녕, 당시 동네 사람들이 모일 때마다 화투를 쳤으니 본래 취지를 벗어난 셈이다.

나는 말은 잘 안 통했지만 화투하는 방법을 금방 배웠고, 화투를 하면서 같은 말을 반복하면서 한국어도 익힐 수 있었다. 그때 배운 화투의 요령이 지금도 생각나는데, ‘주변을 끊임없이 살펴라’ ‘작은 점수에 미련을 버려라’ 부터 ‘열 받으면 진다’는 말도 있었다.

남편은 내가 나중에 방송에서 그 얘기를 할 때까지 내가 화투를 쳤던 사실을 까맣게 모르고 있었다. 난 화투를 한국 전통의 민속놀이라고 생각했다. 물론 가족들이 예수를 믿고 난 다음에는 더 이상 화투를 치지 않았지만, 따뜻한 이불 속에 발을 넣고 여자들끼리 삶은 고구마를 나눠 먹던 시절의 정은 지금도 잊을 수 없다.

내가 한국 생활에 비교적 잘 적응할 수 있었던 건 시댁에 가족들이 많고 모두 나에게 잘 대해주었기 때문이다. 대식구 틈바구니에서 복

닥거리면서 살다보니 슬퍼하거나 외로울 틈이 없었다. 한국 생활이 익숙해지면서 나 역시 집안일을 어느 정도 거들기 시작했는데 내가 자청해서 맡았던 일이 바로 불 때기였다. 맏동서가 가마솥에 14명분의 쌀을 씻어서 물을 맞춰놓으면 나는 앉아서 불을 때곤 했다. 연기 때문에 눈물이 나오기도 했지만 나무를 집어넣고 불 때는 일에 익숙해졌다.

가끔씩 미국에서 가져온 다리미로 옷을 다려주면 모두들 좋아했다. 나는 빨래판에 빨래를 하거나 바느질 하는 일도 곧잘 했는데, 이불 홑청을 곱게 개어 다듬이질하는 건 도무지 흉내조차 낼 수 없었다. 맏동서와 둘째가 서로 마주 앉아 다듬이질을 하는 소리를 옆에서 듣고 있노라면 혼자서 무아지경에 빠질 때도 있다.

한 번은 내가 맏동서에게 이렇게 물었다.

"한국은 모든 일을 손으로 하네요. 미국에서는 집안일을 대부분 기계로 해요."

그러면 맏동서는 깜짝 놀라면서, "집안일을 해주는 기계가 있느냐"며 얘기를 더 해달라며 나를 재촉한다. 한국에서의 생활은 내게 마치 타임머신을 타고 옛날로 되돌아간 듯한 느낌을 주었다.

제사를 추도예배로 바꾼 이유

나와 남편은 시집식구들을 전부 전도했다. 어쩌면 내가 가족들과 금방 어울린 것 또한 미신을 믿던 가족들이 예수를 믿게 되는데 공감대가 형성되었기 때문일 것이다. 남편은 어느 날인가 세 형과 성묘를 다녀오더니 딱 한 번만 제사 대신 추도 예배를 드리자고 건의했다. 그 전까지는 시어머니가 매일 아침 정화수를 떠놓고 빌었으며, 집안에 터줏자리가 3개나 있었다. 제사 전통에 있어서만은 대쪽 같던 시어머니는 8년 만에 돌아온 아들의 청을 물리치지 못했다. 형들도 마지못해 추도예배를 허락했다. 추도예배를 가장 환영했던 건 동서들이었는데 음식 장만을 안 해도 되고 제사가 끝나면 으레 벌어지는 술자리도 없기 때문이었다.

"조상들이 죽으면 천국이나 지옥 둘 중 하나를 가게 됩니다. 이미 흙속에 썩은 육체에 절해도 그들은 우릴 위해 아무 것도 해줄 수 없어요. 하지만 이 자리에 있는 우리 가족들이 예수를 믿는다면, 예수님은 우리의 육체뿐 아니라 영혼을 구원해주고 죽음 이후에도 영생을 얻을 수 있습니다."

처음엔 남편의 설교를 거부하던 가족들은 서서히 예수를 받아들이게 되었고, 절대 허물어지지 않을 것 같은 제사 문화도 없어지게 되었다.

　비록 한국말을 잘 못하는 나는 남편의 전도를 옆에서 듣기만 했지만, 누구 못지않게 가족들의 회심을 기뻐하고 축하해주었다. 그런데 그런 나조차 남편의 전도에 약간의 힘을 보태주었던 것 같다. 그 다음날 맏동서는 나에게 와서 이렇게 말해주었다.

　"나는 예수도, 교회도 잘 모르지만 아무 것도 모르는 트루디가 남편을 따라 낯선 타국에 와서 고생하면서도 묵묵히 생활하는 모습에 감동했어. 그런 트루디가 믿는 예수라면, 내가 믿어도 결코 손해되지 않을 거라고 생각했거든."

　봄이 되면서 남편은 우리 집을 짓는 일을 본격적으로 시작했다. 초가집은 14명이란 대식구가 살기엔 너무 좁았고 무엇보다 선교를 하기 위해선 좀 더 넓은 집이 필요했다. 남편은 미국에서 올 때 친구들이 모아준 500달러로 땅을 보러 다녔다. 지금이야 500달러는 큰돈이 아니지만 당시만 해도 상당한 액수였다.

　남편은 시집에서 도보로 20여 분 거리에 있는 인계동에 땅 1,200평을 샀다. 현장을 들러보니 주변에 집이 단 한 채도 없는 외딴 지역이었다. 지금은 수원의 중심가가 된 인계동은 당시만 해도 땅 한 평 값이 30원에 불과했다. 남편은 만약 나중에 미국에서 후원금이 오지 않으면 과수 농사를 지어 선교비를 충당할 계획으로 일부러 땅을 사둔 것이라 했다.

집 짓는 과정을 떠올리자면 지금은 웃음만 나온다. 쓰는 돈을 최대한 줄이고 지어야 했기 때문에 남편과 내가 할 수 있는 일은 전부 직접 했다. 설계도를 그리고 설계에 일가견이 있다는 선교사의 조언을 듣기도 했다. 나는 밤마다 방에서 무릎을 꿇고 하나님께 기도했다.

'집 짓는 데 사람이 너무 부족해요. 인부를 살 돈도 없으니 주님께서 적당한 사람들을 보내주세요.'

내가 이런 기도 내용을 시댁 식구들에게 말했더니 모두 "무슨 수로 그 많은 인부를 구할 수 있겠느냐"며 터무니없는 기도라고 일축했다. 하지만 하나님은 선교에 쓰일 집을 짓는 데 두 팔을 걷고 나서주셨다. 당시 남편은 시댁 옆에 있는 수원교도소에 가서 설교를 하고 위문품을 전달하곤 했는데 우리가 집을 짓는다는 소식을 들은 교도소 소장이 모범수들에게 건축을 도울 것을 지시한 것이다. 그때만 해도 모범수들이 모내기를 도와주는 일이 종종 있었지만, 우리 부부는 모범수들의 도움을 받으리라곤 생각지도 못했다.

'하나님이 내 기도를 들어주셨어. 주님, 감사합니다.'

모범수들이 시멘트와 빨간 흙을 적당히 섞어서 벽돌을 찍어주었다. 모범수들이 몰려와 집 짓는 걸 도와주는 모습을 본 맏동서와 시어머니는 내 손을 잡고 "트루디 기도가 이뤄졌다"며 축하해주었다.

하지만 여전히 한국어가 유창하지 못했던 나는 목수들과 미장이들이 일하는 모습을 봐도 이런 저런 간섭을 할 수 없었다. 재료비를 아끼느라 단열재를 쓰지 못해 겨울에는 몹시 추울 거라는 말도 들었다. 건평은 28평이었는데 방 4개와 화장실, 주방을 제외한 나머지 공간은 마루로 냈다. 학생들을 맞이하기 위해서였다. 1973년에 이층을 올려 공간을 넓힌 다음 1992년까지 살았으니 인계동 집은 내게 잊을 수 없는 추억의 장소인 셈이다.

집을 짓는 과정에서 지인들의 도움도 많이 받았다. 오산의 미군 부대에 근무하는 댄 스튜어트 상사 덕분에 수세식 화장실을 마련했다. 남편의 지인인 스튜어트는 일본 출장길에 변기와 세면대, 펌프를 사와 우리에게 선물했다.

어느 날 집 짓는 걸 구경하러 온 시누이가 나에게 물었다.

"어머니 방은 어딨어?"

우리 부부가 어머니를 모실 마음이 있는지 슬쩍 떠보았던 것이다. 이미 나는 한국에서 몇 달 동안 살면서 시댁 식구들 중에서도 시누이가 시집온 며느리들에게는 상선이라는 사실을 알게 되었다. 시누이 눈치가 아니더라도 나는 시어머니와 함께 살 생각이 있었는데, 정작 시어머니는 우리의 청을 거절했다. 주변에 집 한 채 없는 허허벌판에서 살 엄두가 안 나셨던 것 같았다.

인계동 집은 언덕 위에 있었는데 길 건너에 화분 공장이 있었고 우리 집 뒤로는 숲이었다. 집에서 200m쯤 아래로 내려가야 집이 한두 채 나왔는데 우리 집에서는 그 집들이 안 보였다. 소리를 질러도 길 건너에 있는 화분 공장까지 들리지 않을 정도였으니 완전히 외딴 집이었던 셈이다. 남편이 가끔 출장이라도 가고 나면 이사 간 집처럼 허전하게 나 혼자 남아 있어야 했다. 가끔 맏동서와 시어머니가 다녀갈 때도 있지만 대개는 혼자였다. 남편은 미국으로 출장가면 3달씩 체류할 때도 있기 때문에 외로움을 견디는 것은 내 숙제였다.

우리 집에 전기가 들어온 건 1966년의 일이다. 그 전까지는 촛불을 켜거나 아주 어두워지면 일찍 잠자리에 들어야 했다. 우리가 돈을 들여 전봇대를 세우자 비로소 전기가 공급되기 시작했다. 전화를 걸 일이 생기면 1시간 거리인 기독회관까지 가야 했다. 그러다 1980년이 되어서야 집에 전화를 마련했다.

1970년 경부고속도로가 완공되면서 비로소 수원에도 비포장도로가 생겼다. 집이 몇 채 안 되는 우리 동네엔 10년 동안 버스도 안 다녔다. 1970년에 겨우 용인으로 가는 시외버스가 생겨 하루에 한두 번 우리 동네를 지나갔다. 미국에서 가져온 픽업트럭이 있었지만 남편이 몰고 다니느라 나는 구경만 했다. 40분 걸리는 수원 남문의 시장까지 걸어서 장을 봐올 때는 짐이 많지 않으면 그냥 걸어 다녔다.

집 앞에 200평 크기의 밭이 있었는데 직접 일궈서 채소를 가꾸는 재미가 쏠쏠했다. 갖가지 채소가 자라면서 시장에 갈 일도 부쩍 줄었다. 가을이면 옥수수, 감자, 고구마를 수확하고 직접 농사지은 배추와 무로 김장을 담기도 했다. 넓은 잔디밭은 셋째 동서와 시누이의 도움을 받아 잡초 하나 없이 예쁘게 가꾸었다. 집 주변에는 밤나무와 잣나무를 심어 가을이면 밤을 따서 겨울 동안 삶아 먹었다. 동요에 나오는 것처럼 '아름다운 나의 집' 이 바로 우리 집이 아니었을까싶다.

늦가을이면 겨울철에 대비해 야채와 과일을 진공 포장해야 하는데, 캐닝용 병에 복숭아나 토마토를 잘라 넣고 설탕물을 부었다. 그다음 진공 뚜껑을 달아 끓는 물에 20분간 끓이면 1년간 놔두어도 상하지 않았다. 작은 오이는 소금물을 넣고 같은 방식으로 끓였다. 포도는 5분 정도 끓여 주스로 만든 다음 병에 넣어 역시 20분간 끓였다. 딸기잼도 끓여서 보관하면 오래 놔둬도 상하지 않는다. 이런 과정을 '캐닝(Canning)' 이라고 하는데 우리 집 지하실에는 이런 과일병들이 늘 가득 준비돼 있었다.

혼자서 도둑과 맞닥뜨리다

처음 집을 지을 때 남편은 돈이 아까워서 울타리를 따로 만들지 않았다.

집에 거지가 찾아올 때도 많았다. 농촌 마을에 서양식 집이 떡 하니 있으니 부잣집인 줄 알고 구걸하러 온 것이다. 어쩔 때는 하루에 10명 넘게 온 적도 있다. 그럴 때 나는 그들에게 돈보다 쌀을 주면서 손을 붙잡고 짧게 기도를 해주었다.

"하나님, 귀한 형제가 가난을 벗게 해주시고 어려움 가운데서도 주님을 의지하도록 도와주세요."

그럴 때면 고맙다고 눈물을 흘리는 사람도, 불쾌하다면서 돌아선 사람도 있었지만 우호적인 반응이 많았다.

개중에는 나병 환자들도 섞여 있었다. 딸 애설이와 단 둘이 집에 있으면 가끔 거실에서 울음소리가 크게 들리곤 했다.

"애설아, 무슨 일이야? 어머!"

화장실에서 손을 씻다가 다급하게 뛰어나온 나는 거실 유리창에 나병 환자가 얼굴을 붙이고 애설이를 보고 있는 광경을 보고 깜짝 놀랐다. 코도 없고 눈썹도 없어서 보는 어른도 놀라게 했으니 아이는 얼마나 놀랐겠는가.

그런가하면 가끔씩 남편이 없을 때 도둑이 들어 집안 물건을 집어 간 적도 많다. 한 번은 지인에게 받은 하이파이 전축을 잃어버려서 무척 속상했던 기억이 난다. 어떤 도둑은 남편의 가방을 뒤져서 선교비를 훔쳐가기도 했다. 외국에 나가려고 준비해둔 2,000달러를 몽땅 들고 간 것이다. 그 돈은 남편이 외국에 나갈 때 유학 보낸 학생들에게 100달러씩 주기 위해 선교비로 열심히 모은 돈이었다. 아침에 도둑맞은 사실을 알고 남편과 얼마나 허탈해했는지 모른다.

도둑과 내가 직접 맞닥뜨린 적도 있다. 새벽에 부스럭거리는 소리에 눈을 뜨자 도둑이 어머니 시계를 들고 황급하게 달아났다. 한 번은 아이들이 모두 거실에서 자고 있을 때 새벽에 일어났다가 도둑과 마주쳤다.

"쉿! 조용히 하쇼. 떠들지만 않으면 나도 조용히 나갈 거니까. 우리 피차 험한 꼴 안 당하도록 합시다."

나는 놀라서 말도 제대로 안 나왔는데 그 역시 겁을 좀 집어먹었는지 물건만 들고 조용히 대문으로 나갔다. 도둑이 나간 뒤에 그 자리에서 무릎을 꿇고 하나님께 기도했다.

'주님, 감사합니다. 만약 남편이 있을 때 도둑이 들었다면 격투를 벌이느라 큰 사고가 날 수도 있었겠지요. 잃어버린 물건은 다시 구하면 되지만 우리 가족의 생명은 주님이 지켜주세요.'

"울타리가 있어야겠어요. 오늘 오전에 무슨 일이 있었는지 알아요?"

남편에게 낮에 있었던 일을 말하자, "무슨 해코지를 당한 건 아니잖아. 조금만 기다려 보도록 해요" 하고는 두 말도 하지 않았다. 이후 남편은 3년 만에 겨우 울타리를 만들어주었다.

우리 집은 거의 자재 값만 들여 어설프게 완공한 집이라서 처음부터 말썽이 많았다. 특히 구들장을 제대로 놓지 못해 겨울에 가족이 연탄가스를 일곱 번이나 마셨던 적도 있다. 기적적인 건 남편이나 아이들 모두 단 한 번도 병원에 갈 정도로 심각한 상태에 빠진 적이 없다는 사실이다. 당시 우리 집에서 묵고 있는 학생들도 많았지만, 학생들 또한 연탄가스에 전혀 해를 입지 않았으니 하나님이 지켜주셨다고 밖에 설명할 길이 없다.

거지나 도둑, 연탄가스보다 더 위협적인 게 있었다. 우리 집은 건평은 좁았지만 마당이 넓어 잔디를 깔고 나무를 많이 심어 정원이 그럴싸하게 이뤄져 있었다. 집 뒤 언덕은 평평하게 다져 빨래터를 만들고 돌로 층계를 조성했는데 2년쯤 지난 가을부터 돌 틈으로 뱀이 슬슬 나오는 것이었다. 뱀들이 습한 몸을 말리고 동면에 들어가기 전에 햇볕을 충분히 쬐려고 가을이면 밖으로 나오는 것이었다. 누군가 가을 뱀은 독이 잔뜩 올라 있기 때문에 물리면 큰일 난다고 일러줬기 때문에 나는 긴장하지 않을 수 없었다.

성경에는 뱀이 하와를 꼬드겨서 선악과를 먹게 한 악한 동물로 묘사되기 때문에 내 눈에 결코 좋게 보일 수 없었다. 남편이 자주 집을 비우는 터라 뱀을 내가 직접 잡아야겠다는 결심이 섰다. 그때부터 뱀을 보는 즉시 죽였다.

"이 놈의 악한 뱀! 네가 사람을 유혹하고 우리 애설이도 물려고 하는 게지? 다시는 나타나지 마라!"

고함치면서 뱀을 죽이고 있노라면 애설이가 옆에서 물끄러미 그 모습을 바라보곤 했다. 하지만 뱀은 아무리 죽여도 끝이 없었다. 볼 때마다 여봐란 듯이 슬금슬금 기어가는데 아이들이 물릴까봐 내내 조바심이 났다. 아마 그곳에 뱀굴을 만들고 새끼를 친 모양이었다. 찾을 수만 있다면 '진지'를 찾아내 깨끗하게 없애고 싶었지만 나타날 때마다 죽이는 게 상책이었다. 처음엔 정말 무섭고 징그러웠지만 뱀을 안 죽이면 아이들이 다치니 어쩔 수 없었다.

남편과 나는 예수를 믿는다는 이유로 집에서 쫓겨나거나 오갈 데 없는 학생들을 위해 차고를 개조해 숙소를 마련했다. 학생들과 성경 공부를 하거나 함께 음식을 만들어먹으면서 즐겁게 생활했던 기억이 난다. 시댁에 있을 때 요리를 배우지 못한 나는 여학생들에게 음식 만드는 법을 배울 수 있었다. 덕분에 떡볶이나 수제비, 물오징어를 넣고 만든 무생채와 도라지 무침도 식탁에 올릴 수 있었다.

그때만 해도 500원이면 시장에서 생선, 물오징어, 두부, 콩나물을 사고도 거스름돈이 남았기 때문에 큰돈이 필요 없었다. 여름에는 밭에서 기른 각종 채소가 있어 부식비가 덜 들었다. 상추와 오이, 고추를 채반에 담아와 학생들과 한 입 가득 쌈을 싸 먹곤 했다. 가끔은 미군들이 우리 집에 올 때 비프 스튜나 햄 등을 갖고 왔는데 햄을 넣고 만든 볶음밥과 콩나물 무침 등을 즐겨 먹었다.

“당신, 요즘 뭐가 그렇게 신나?”

남편은 혼자서 룰루랄라 음식을 만드는 내 모습을 보고 이렇게 묻곤 했다. 그러면 나는 '시댁에서 미처 몰랐던 식도락을 여기서 알게 된다구요' 하고 속으로 혼자서 웃곤 했다.

 ## 남편이 살아가는 방식

인계동에 살 때 남편의 먼 친척이 집 근처에서 함께 살게 되었다. 큰형님이 어느 날 찾아와 먹고살기 힘든 친척이 있는데 빈 땅에서 무엇이든 하게 해달라고 부탁했다. 남편은 친척인 철이 아버지에게 우리 땅을 사용할 수 있도록 해주었다. 철이 아버지는 그 땅에서 남편이 사준 병아리를 기르면서 농사를 지었다.

철이네 집은 우리 집에서 5분 정도 떨어져 있었는데 가끔씩 우리 집에 와서 작은 물건들을 훔쳐갔다. 자신들을 위해 땅을 내준 사람들의 집에 와서 무언가를 훔쳐간다는 게 이해가 안 되었지만, 철이네 아버지는 우리 집 물건을 가져다가 보란 듯이 쓰곤 했다. 오죽하면 그 집에 갔다 그 모습을 본 내가 민망할 정도였을까….

한 번은 미국에서 가져온 수건과 침대 시트가 없어져서 그 집에 가봤더니 아이들 옷으로 만들어서 입혀 놓았다. 다른 사람 같으면 조용히 말을 했겠지만, 나는 일부러 모른 척하고 말았다. 남편이 "생활이 어려워서 그런 것이니 그냥 모른 척해주라"고 부탁했기 때문이다.

아이들이 옷을 입고 다니면 금방 들통이 날 일이지만 그 집 식구들은 그다지 걱정하는 눈치가 아니었다. 아마 "목사 부부니까 이쯤은 그냥 넘어가 주겠지"하고 생각했던 것 같다. 게다가 내가 한국말을 잘 못하니 자신들에게 대놓고 따지지 못할 거라고 여겼던 모양이다.

'주님, 아이들 옷을 만들기 위해 저희 집 시트를 훔쳐간 저 부부를 불쌍히 여겨주세요. 저들이 하루 속히 경제 여건이 나아져 다시는 남의 물건을 훔치는 일이 없도록 해주세요.'

나는 아이들이 새 옷을 입게 돼 잘 됐다고 생각하면서도, 그 부부의 나쁜 습관을 고쳐달라고 주님께 기도했다.

남편이 대구에 집회를 갔을 때 일이다. 집회 마지막 날 대구로 내려오라는 연락을 받고 큰아들 요셉을 업고 집을 나섰다. 다음날 새벽에 돌아온 우리는 깜짝 놀랐다. 유리창이 깨져 있고 누군가 집안 곳곳을 뒤진 흔적으로 엉망이었다. 남편은 안 되겠다 싶었는지 경찰에 신고했다.

혹시 없어진 물건이 있는지 집안을 살펴보고 있는데 밖에서 철이 아버지가 어슬렁거리고 있었다. 그때가 새벽이었는데 우리 집에 도둑 들었다는 걸 어떻게 알았는지 찾아온 것이다. 남편이 "새벽부터 웬일이에요?"하고 묻자, 철이 아버지는 "경찰이 왔나 안 왔나 보러 왔지요"하고 말했다. 그런 말을 하면, '내가 그랬답니다' 하고 대놓고 말하는 셈이라는 걸 철이 아버지만 모르고 있었다. 남편과 나는 서로 마주보고 어이가 없다는 표정을 지었다.

철이네 횡포(?)는 여기서 그치지 않았다. 한 번은 남편이 살림 밑천을 만들라며 사준 병아리가 모두 없어진 적도 있었다. 어떻게 된 거냐고 물었더니 누가 훔쳐갔다는 것이다. 꽤 많은 병아리가 몽땅 없어졌는데 별로 걱정하는 기색이 아니었다. 아직 덜 자란 닭을 헐값에 팔아버린 것이다.

나는 철이 아버지를 원수로 원망하고 싶은 마음은 없었다. 하지만 주님께서 철이 아버지의 잘못된 습성이 고쳐지고, 마음이 새롭게 변화받길 간구하는 마음으로 기도를 여러 번 했다. 철이 아버지는 이후 포도 농사가 잘 안 되자 감자와 고구마, 배추 농사를 지었지만 그마저 신통치 않아 남편과 큰형님이 수시로 도와줘야 했다. 그 와중에도 남편은 그를 내치지 않고 말없이 품어주었으니, 남편 역시 그를 위해 기도한 게 분명했다. 다행히 철이 아버지는 후에 그 땅이 팔릴 때 보상금을 받고 작은 아파트를 마련해 우리의 걱정을 덜어주었다.

"당신은 왜 남에게 싫은 소리를 잘 안 해요?"

나는 남편이 남에게 화를 잘 내지 않는 건 기도하는 이유도 있지만 성격에서 비롯된 측면도 크다고 생각했다. 내가 종종 그렇게 물으면 남편은 그저 "원래 거절을 잘 못하고, 내가 도와줘서 그 사람이 잘 될 수 있다면 그렇게 해야 하지 않느냐"고 대답하는 게 전부였다.

철이네 말고도 먼 친척 중 우리 집 물건을 훔쳐간 사람이 있었는데 남편은 그 사실을 알면서도 그를 질책하지 않고 일자리까지 마련해 주었다. 1977년에 극동방송 사장으로 취임할 때도 극동방송 측에서 문제가 있는 직원들 명단에 빨간 줄을 그어서 내보내야 한다고 했는데 남편은 한 사람도 내보내지 않았다. 방송사 직원 중 잘못을 저지른 사람이 있어도 다른 사람에게 말하지 않고 덮어주는 게 남편의 방식이다.

물론 그렇게 거절을 못하는 성격 때문에 화를 입은 적도 종종 있지만 나는 남편이 하는 대로 그저 묵묵히 보고만 있었다. 남편은 남의 허물을 덮어줘야 하는 목사라는 소임을 맡고 있기 때문이다. 또한 내가 마음에 안 든다고 남편을 바꾸려고 하면 부부간에 문제가 생기게 된다. 특히 남편처럼 불같은 성격을 가신 사람은 문제가 생실 때 즉시 반박하면 감정적으로 대응하기 때문에 꾹 참고 있다가 나중에 넌지시 말하는 게 좋다.

남편과 오랜 세월 함께 살면서 미처 몰랐던 점을 발견하거나, 남편이 싫어하는 게 뭔지도 알게 되었다. 남편은 한 번 말하기 싫은 점은 아무리 물어도 대답을 안 하는 성격이다. 그 사실을 잘 알고 있기 때문에 나 역시 한 번 물어봐서 대답이 없으면 좀처럼 따지려 들지 않는다.

남편 또한 내 일에 일일이 참견하지 않는다. 해외에서 장기 집회를 하고 돌아온 뒤에도 내가 뭘 하고 지냈는지 묻지 않는다. 내 프라이버시를 침해하지 않기 위해서다. 나는 내 일을 결정할 때 남편의 허락을 거의 받지 않는 편이다. 주변에서는 "그래도 그런 건 남편의 허락을 받아야 하는 게 아니냐"고 말하곤 하지만, 중대한 결정이 아니라면 대부분 결정을 내리고 남편에게 통보를 한다.

중앙기독초등학교를 개교하면서 학교에 파이 가게를 낼 때도 남편의 허락을 따로 구하지 않았다. 중앙기독초등학교는 정신지체 아동과 통합교육을 하기 때문에 별도로 특수 교사를 채용해야 한다. 나는 빵을 팔아 번 돈으로 장애 아동을 돕고 학교 경비에도 보태고 싶었다. 파이가게에 관한 일을 결정할 때는 아들 요셉과 의논했다. 남편이 학교 건축 건을 요셉에게 다 맡겼기 때문에 남편과 의논할 필요가 없었다. 모든 게 결정되고 난 뒤에 남편에게 그 사실을 알렸지만, 남편이 썩 좋아하는 눈치는 아니었다. 하지만 내 결정을 존중했기 때문에 하지 말라는 말은 안 했다.

남편은 지금껏 한 번도 내게 "목사인 내 입장도 좀 생각해 달라"고 따진 적이 없다. 부부 동반 모임이 있을 때는 무조건 나오라고 강요하지 않고, "모임이 있는데 갈 수 있느냐?"고 먼저 물어본다. 서로에게 강요하지 않으면서 사는 게 부부싸움을 하지 않고 오랜 시간 사이좋게 지낼 수 있는 비결이 아닐까?

여보, 양보가 능사는 아니에요

가끔은 거절을 못하는 남편 때문에 화가 날 때도 있었다.

1965년 안식년 휴가를 얻어 아이들과 함께 미국으로 떠날 당시의 일이다. 교회를 1년 간 비우게 된 남편은 예배 설교를 밥 존스 대학교 동창인 선교사에게 맡겼다. 대신 선교사와 가족들이 인계동 집을 사용할 수 있도록 허락해주었다. 하지만 1년 뒤 우리 부부가 돌아왔을 때 선교사는 집을 비워줄 생각을 하지 않았다.

"선교사님은 우리가 다른 곳을 구하기를 바라는 눈치인데요…."

이렇게 말하자 남편은 "선교사 가족들은 한국말을 못 하니 다른 곳에 살기 불편하니 그냥 같이 살면 어떻겠냐?"고 말했다. 결국 한 지붕 아래 두 가족이 생활하게 되었지만 좁은 집에 열 식구가 북적거리니 얼마나 복잡했겠는가. 나는 불편했지만 우리 집을 놔두고 다른 데 가서 산다는 건 생각도 못 해본 일이었다. 하지만 상황은 주

객이 전도돼 우리가 선교사 부부의 눈치를 봐야만 하는 처지가 되었다.

침대 방 하나는 선교사 부부가 쓰고 다른 침대 방은 선교사의 두 딸이 사용했으니 온돌방에 우리 부부와 아이 둘, 선교사네 아이들까지 모두 6명이 함께 잤다. 나는 도무지 이해가 되지 않아 남편에게 앞으로 어떻게 할 거냐고 물었다.

"불편해도 참아야지 뭐, 그렇다고 나가라고 할 순 없잖아. 양보하면서 삽시다."
'당신은 아침에 선교사님과 나가서 종일 바깥으로 도니 불편한 걸 모르시겠죠.'

나는 얄미워서 속으로만 이렇게 대꾸했다. 당시 집안일을 도와주는 순희라는 아이가 있었는데 집안일은 순전히 순희와 내 차지였다. 선교사 부인은 도무지 일을 하지 않고 가만히 있다가 남편이 들어올 때쯤엔 화장을 하고 옷을 차려입는 게 고작이었다. 가끔 시어머니가 찾아와도 그 부인은 꿈쩍도 하지 않았다. 보다 못한 시어머니는 친척들에게 이렇게 얘기하곤 하셨다.
"내가 초인종을 누르면 장환이 색시는 맨발로 뛰어나오는데 선교사 부인은 순희 시켜서 문 열게 하고는 내가 들어가면 흔들의자에 앉아 인사하더라."

나는 또 하는 수 없이 위기 때마다 그랬듯 무릎을 꿇고 주님께 기도했다.

'주님, 이렇게 살 수는 없어요. 선교사 부부에게 새로운 거처를 마련해주세요.'

그런데 비좁은 집에서 석 달을 지내고 있을 때 선교사 부인의 아버지가 돌아가셨다는 연락이 왔다. 선교사 부인은 미국으로 장례식을 치르러 간 뒤 무려 6주 동안 미국에 머물렀다. 게다가 돌아오는 길에 남편과 일본에서 나흘간 휴가를 보내기까지 했다. 선교사가 일본으로 떠나던 날 나는 작심하고 남편에게 말했다.

"이젠 더 이상 안 돼요. 그렇게 미국에 오래 있으면서 또 다시 부부가 휴가를 갖는 건 내 상식으로는 도저히 납득이 안 가요. 한 집에 이렇게 살면서도 자꾸만 부딪히는 것도 싫고요. 당신이 선교사에게 말하지 않겠다면, 내가 집을 얻어서 선교사네 짐을 옮기겠어요."

내가 단단히 화가 났다는 걸 안 남편은 난감한 표정을 짓더니 이렇게 말했다.

"꼭 그래야 한다면 순희도 함께 보냅시다. 순희가 영어를 잘하니 선교사 부부가 한국에서 생활하는 데 어려움이 없을 거요."

나는 집을 얻어서 짐을 다 옮겨놓은 다음 선교사의 차를 운전하는 기사에게 공항에서 곧바로 새집으로 모시라고 일러두었다. 두 부부는 자신들이 없는 사이에 짐을 옮겨놓은 일로 당황해하긴 했지만 이후로도 우리와 변함없이 사이좋게 지냈다. 하지만 내가 그렇게까지 하지 않았다면 분명히 남편은 천년이고 만년이고 그들 부부와 살려고 했을 것이다. 강단에서는 그렇게 단호한 사람이 지인들 앞에서는 그렇게 몸을 사리니 아내인 나도 가끔 남편을 이해할 수가 없다.

나 홀자서만 아는 남편의 '막내 기질'

남편은 오남매 중 막내인지라, 흔히들 얘기하는 '막내 기질'이 좀 있는 편이다. 밖에서는 여러 사람을 품고 대형 집회를 인도하는 영향력 있는 목사지만, 집에 돌아오면 원래 남편의 모습으로 돌아오는 것이다. 가끔은 자신만 생각하거나 아플 때 엄살 피우는 모습을 보면 '막내 기질이 있다'고 속으로 웃곤 한다. 시어머니는 약간 무뚝뚝한 성격이었는데 막내인 남편에게만은 특별히 사랑을 듬뿍 주셨다. 남편이 16살 때 칼 파워스 상사를 따라 무작정 미국에 가겠다고 했을 때도 아들을 보내지 않으려고 완강하게 반대하셨다.

남편이 개의치 않고 막무가내로 미국에 가겠다고 하자, "죽으려면 가라"고 버럭 소리를 질렀는데, 남편은 옳거니 하고 훌쩍 미국으로 가버렸다. 그때 시어머니가 얼마나 서운해 하셨을지 나는 가끔 상상해보곤 한다. 물론 시어머니가 끝까지 반대했다면 나와 남편은 만날 수 없었겠지만….

남편은 미국에서 8년간 공부하면서 누군가로부터 사랑받거나 위로받지 못했다. 방학이면 칼 파워스 가족을 방문하곤 했지만 빚진 자로서의 채무감이 마음속에 자리 잡고 있었을 것이다. 칼 파워스가 아무리 잘해줬다고 해도 그 마음이 편하기야 했을까. 그래서인지 몰라도 남편은 내게 어머니 같은 사랑을 기대하는 경향이 있다. 시어머니에게 받았던 사랑을 나에게서도 기대하는 것이다.

하지만 어쩌나… 나는 본래 성격이 여성스러운 편은 아니어서 남편의 마음을 알면서도 나도 모르게 무심하게 대하는 경우가 많다. 예전에 "남자는 여자하기 나름이다"란 말이 유행한 적이 있었는데, 애교 없는 나는 어쩌면 남편의 마음을 헤아려주지 못하는 것인지도 모른다.

나는 여자가 애교가 많아야 한다는 생각에 동의하지 않는 편이다. 여자든 남자든 상대에게 친절하고 정중하면 됐지 구태여 어느 한쪽이 상대의 비위를 맞추려고 애를 쓴다면 얼마나 불편할까. 남편은 밖에 나가면 여러 사람들에게 높임을 받기 때문에 집에 와서도 그런 칭송을 기대할 수 있다. 그런데 사람이란 본래 자꾸 높임을 받으면 그것에 쉽게 익숙해지는 존재다. 집에서 아내에게 사랑받고자 하는 남편의 마음은 잘 알지만, 나는 자칫 남편이 누군가에게 높임 받는 일에 익숙해 질까봐 늘 경계하는 편이다.

가끔 주위 성도들을 만나다 보면 남편에게 지나치게 잘하는 경우를 보게 되는데 이 또한 걱정이 되는 일이다. 어떤 남편들은 "당신이 집에서 하는 게 뭐가 있느냐"하면서 아내를 구박한다고 들었다. 아내는 온종일 청소하고 빨래하고 아이들 뒤치다꺼리 하느라 몸이 녹초가 되었는데, 저녁밥을 제때 차리지 않았다고 해서 화를 내는 건 사려 깊지 못한 행동이다. 남편은 돈을 벌고 아내는 집안일을 한다고 해서 아내가 가정에 대한 모든 책임을 져야 하는 건 아니다. 아내와 남편의 역할 분담이 되었다면 서로의 영역을 최대한 존중해주고 배려하는 것이 행복한 부부생활을 이어가는 비결이 아닐까?

남편은 집에 왔을 때만큼은 다른 사람에게 방해받는 걸 싫어한다. 한 달의 반은 해외에서 활동하고 한국에 있을 때도 극동방송 업무와 교회 업무, 각종 집회 때문에 거의 쉬지를 못한다. 그런 남편에게 유일한 휴식시간이란 집에 돌아왔을 때뿐이다. 그래서 남편은 "내가 집에 왔을 때만큼은 나한테 신경 좀 써달라"면서 당부하곤 하지만, 누가 집에 찾아오기라도 하면 접대하느라 자연히 남편에게 소홀해진다.

손님이 다녀가고 난 뒤에 남편의 눈치를 스윽 보면, "삐졌구나"하는 걸 금세 알게 된다. 그럴 땐 조용히 방에 들어가서 그날 집회는 어땠는지, 밖에서 무슨 일이 있었는지 슬쩍 물어보면 샘솟듯 얘기를 줄줄줄 털어놓는다. 남편이 화가 났을 때 마음을 풀어주는 방법은 하고 싶은 얘기를 실컷 하도록 해주는 것이다.

평소에도 남편에게 직접 간섭을 하거나 주의를 준 적은 없다. 하지만 '이건 꼭 얘기를 해야겠다'고 생각하면 기회를 잘 잡아야 한다. 남편은 성격이 급해서 화가 났을 때 면전에서 얘기하면 곧바로 화를 당하기 쉽다. 하지만 화가 났을 때 잠자코 있다가 기분 좋을 때 슬쩍 얘기를 꺼내면 "당신 말이 맞다"고 받아들이거나, 내 말이 사실과 다르면 자세히 설명을 해주기도 한다. 물론 즉각 지적을 못해 답답한 경우도 있지만, 시간이 지난 뒤 얘기하면 남편이 내 말을 훨씬 잘 받아들이기 때문에 기다리는 편이 이득이다.

어떤 성도들은 "남편이 잘못한 일을 따지려고 들면, 나보다 아는 게 많고 말주변이 좋으니 매번 당하고 만다"고 고민을 털어놓기도 한다. 우리 세대만 해도 대부분의 아내들이 사회 활동을 하지 않고 남편은 대외적인 활동으로 안목이 넓기 때문에 남편의 자기 처세능력이 더 뛰어나다. 때문에 무슨 잘못을 하거나 실수를 하더라도, "당신이 뭐 제대로 알기나 하느냐"면서 아내를 무시하고 잘못을 그대로 덮고 가는 경우도 많다.

그렇기 때문에 아내들은 남편의 잘못을 지적하려면 낳은 준비를 할 필요가 있다. 남편이 정말 확실하게 잘못했는지, 남편이 내 지적을 받아들일 분위기가 되었는지를 파악하는 게 중요하다. 이를 잘 준비하지 않고 순간적인 흥분 때문에 무작정 남편의 행동을 지적하면 제대로 설득하기가 힘들다. 남편들은 아내가 지적한 것 중 일부만 옳다고 해도 그 일부라도 제대로 받아들이는 열린 자세를 가지면 좋겠다.

목사인 남편도 어쩔 수 없는 한국 남자다. 미국에서 데이트할 때만 해도 무척 신사다운 모습만 봐서, 나는 남편의 성격이 급하다는 생각을 해본 적이 없다. 그런데 한국에 돌아오자마자 남편은 느닷없이 한국 남자로 돌변하기 시작했다.

한 번은 한국에 들어온 지 얼마 안 돼 남편과 차를 타고 갈 일이 있었다. 일정이 급해 서둘러 운전하는 남편은 골목길에서 갑자기 튀어나온 차를 보고 급브레이크를 밟았다.

"저 사람 참 여유가 없네, 그렇죠?"

그렇게 말하면서 운전석을 보는데 남편이 없었다. 어느새 그 차 앞에 가서 운전자와 말다툼을 하고 있는 것이다. 미국에서는 한 번도 그런 일이 없었던 터라 나는 그 모습을 보고 깜짝 놀라서 한동안 멍한 상태로 있었다.

미국에선 느긋하기만 했던 남편이 '빨리 빨리'를 외치는 한국에 오자 원래 타고난 성격이 발동한 것이다. 남편의 행동이 재빠르고 성격이 급한 건 꼭 시어머니를 빼닮았다. 어떤 일이든 추진력 있게 처리하는 장점도 있기 때문에 남편의 급한 성격이 꼭 싫지만은 않지만….

부부는 일심동체가 아니다

남편은 대부분 매달 미국을 비롯해 세계 전역을 돌아다닌다. 남편이 해외 성회 갈 때 몇 번 동행한 적이 있었는데, 나로서는 남편 스케줄을 소화하기가 벅차서 요즘은 가지 않는다. 남편이 스케줄을 짜는 걸 보면 쉴 틈이라곤 찾아볼 수 없다. 신혼 초기엔 "젊으니까 그렇겠지" 생각했지만 나이 들어서도 변하지 않는다. 남편은 저녁집회를 밤늦게까지 하고도 다음날 6시 30분이면 벌써 비행기 안에 있다. 때문에 수행하는 젊은 직원들조차 해외에 나갈 때마다 녹초가 되어서 돌아온다. 반면 나이 든 남편은 젊은 사람처럼 펄펄 뛴다.

"아침 먹고 천천히 가도 되긴 하는데 집회 있는 날은 그 도시에 미리 가 있어야 마음이 편한데 어쩌겠어."

나 또한 아침 일찍 일어나는 편인데 남편이 아침에 외출 준비하는 걸 보고 있노라면 입이 떡 벌어진다. 세수와 면도를 하고 옷 입고 현관에 서는 데 불과 10분밖에 안 걸린다. 워낙 성격이 급해 행동이 재빠르고 여행을 하도 많이 다녀서 짐 싸는 데 선수가 된 것이다.

"양말은 이렇게 비닐봉투에 몇 켤레 넣어서 싸면 꺼내기도 편하지."

이미 1960년대 초부터 해외 성회를 다녔으니 남편 앞에서 '시간관리’ 운운하는 사람은 아무도 없다. 나도 시간 활용하기로 둘째가라면 서러운데, 여자다 보니 남편을 따라잡으려면 적어도 새벽 4시에는 일어나야 하니 무척 버겁다.

남편은 사람 만나는 데도 선수다. 보통 집회를 가면 그 도시에서 남편을 기다리는 사람들이 너무 많다. 집회 소식이 지역 신문에 나면 낮부터 사람들이 숙소로 찾아온다. 그러면 남편은 사람들 만나랴, 나에게 신경 쓰랴 무척 분주한 모습이다. 때문에 내가 남편과 함께 집회를 가면 남편에게 도리어 짐이 되어서 꼭 필요한 경우가 아니라면 동행하지 않는다.

워낙 철두철미한 남편의 준비 정신은 교회에서도 고스란히 드러난다. 우리 교회는 늘 정해진 시간보다 10분 일찍 예배를 시작하는데 이러한 원칙은 교회 설립 이후 단 한 번도 어겨본 적이 없다. 남편은 “예배에 지각하는 건 하나님을 무시하는 것이고, 자신이 하나님보다 높다고 생각하는 것”이라고 강조해 교인들도 이런 원칙을 지키고 있다.

“하나님의 종은 절대로 놀아선 안 돼.”

남편은 입버릇처럼 이렇게 말하곤 한다. 그래서인지 일을 하는 틈틈이 쉬는 시간에도 제자리에서 가만있지를 못한다. 손가락으로 탁자를 타닥타닥 두드리거나 마른세수를 하고 넥타이 매무새를 계속

만지작거린다. 그러다가 벌떡 일어나서 무슨 일이든지 한다. 이런 급한 성미는 큰아들 요셉이 고스란히 빼닮았다.

하나님의 종이 놀면 안 된다고 하지만 실은 남편은 노는 걸 무척 좋아한다. 라켓볼을 치거나 사우나를 할지언정 방안에서 빈둥대는 일은 없다. 가끔은 아무 것도 하지 않고 편안하게 쉬는 게 건강에 좋은데 남편은 결코 이를 용납하지 않는다.

"목사님은 정말 한시도 쉬지 못하는 성격이에요."

친한 성도들과 있을 때 그렇게 말하니까 한 사람이 나를 넌지시 바라보더니 "사모님도 마찬가지인걸요" 하고 대꾸해 한바탕 웃었던 적이 있다. 나는 잘 못 느끼는데 남들이 보기엔 잠시도 쉬지 않고 몸을 움직이는 내가 남편과 닮았다고 생각하는 모양이다. 길을 걷다가도 휴지를 줍고 잡초를 뽑아서 자신들이 민망할 정도라는 말을 듣고는 "과연 그런가" 하고 스스로도 무척 놀랐다. 어쩌면 우리 가족 모두 어느새 남편을 닮아가는 건지도….

한 번은 남편이 모처럼 집에서 쉬는 날에 함께 있을 기회가 있었다.

"오늘은 좀 집에서 푹 쉬어요."

"그럴까?"

말은 그렇게 하지만 남편은 벌써 슬슬 나갈 채비다. 어디 친구라도 만나고 오는 줄 알았는데 "당신도 얼른 옷 입어요" 하기에, "나도 가야 되느냐" 물었더니 골프장에 함께 가자고 했다. 평소에 함께 골프를 칠 시간이 거의 없는데다, 노는 걸 못 참는 성격이라 그 시간을 이용해 골프를 치려는 것이다.

남편은 명절에도 쉬지 않는다. 주로 수원을 벗어나 다른 지방에 가서 머물다 온다. 미국에는 집회를 하러 갈 때를 제외하고 그냥 가는 법이 없는데, 한 번 가면 집회 사이에 생기는 자투리 시간을 이용해 친지들이나 옛날 동창들을 만나고 온다. 남편은 쉴 때도 전적으로 쉬는 게 아니라 일하는 틈틈이 쉬면서 에너지를 보충하는 스타일이다. 언젠가 "쉴 때만큼은 제대로 쉬는 게 낫지 않겠냐" 물었더니 이렇게 말했다.

"주님을 위해 살기로 작정한 이상 이 세상에 완전히 내 것은 아무것도 없어요. 그건 휴일도 마찬가지야. 나는 주일에 설교하면 그 자체로 휴식이 되고, 일하는 틈틈이 쉬는 게 마음도 편해."

남편은 1973년 제주극동방송의 전신인 아세아방송 사장을 맡기 전엔 안식년이 두 번 있었지만 그때마다 미국을 횡단하며 모금을 하느라 국내에 있을 때보다 더 바쁘게 지냈다. 극동방송 사장이 된 이후로는 아예 안식년이 없어졌다.

물론 남편과의 여유로운 시간이 전혀 없었던 건 아니다.

남편의 회갑 때 유럽 여행을 다녀왔다. 이 역시 그냥 간 것은 아니고 당시 스웨덴에서 열린 침례교세계연맹 상임위원회 참석 차 여행을 겸한 것이었다. 회의에 참석한 뒤 스웨덴, 핀란드, 노르웨이, 러시아 상트 페테르부르크를 방문하는 크루즈 여행을 했다. 일주일 동안

배 안에서 지내면서 잠깐씩 내려서 그 나라의 유명 도시를 구경했다. 회의 때문이긴 했지만 결혼한 뒤 처음으로 여유롭게 시간을 보낸 것 같아서 기억에 오래 남는다.

이미 한국은 물론 전 세계적으로 지명도 높은 자리에 오르다보니 남편을 부러워하는 밥 존스 동창들도 많다. 남편이 미국에 본격적으로 알려진 건 1973년 서울 여의도광장에서 열린 빌리 그레이엄 전도대회에서 통역을 맡고부터였다. 그 전에도 한국과 미국을 오가며 설교를 하고 YFC 국제회의에도 참석했지만, 빌리 그레이엄 목사의 서울 여의도 전도대회 광경이 미국 전역에 TV로 방영되면서 유명세를 탔다. 이후 남편은 대형 집회에 자주 초청을 받는 유명 강사가 된 것이다.

2000년에 침례교세계연맹 총회장에 취임하면서 남편은 밥 존스 출신 중 최초로 총회장 자리에 오른 유명인사가 되었다. 동창들은 미국인의 도움으로 미국에서 공부한 뒤 가난한 한국으로 돌아간 빌리 김이 또 다시 세계적인 인물이 된 과정이 드라마틱하다고 말한다.

그럴 때면 남편은 "내게 영향력이란 게 있다면 그건 한국이라는 국가적인 배경 때문"이라며 "미국에 있었다면 미국 침례교 목사 중에 한 명에 불과했을 것"이라고 말하곤 한다.

남편보다 일찍 자면 현모양처가 아니다?

평소에 남편이 나에 대해 불만이 없고, 대체로 만족한 생활을 한다고 믿었는데 실상이 그렇지가 않은 것 같다. 남편에 관한 책 곳곳에서 나에 대한 불만이 은연중 드러난 것이다. 한데 그 불만이란 것도 결국엔 "어머니처럼 잘 좀 챙겨달라"는 막내기질에서 비롯된 것이다. 예를 들면 집회가 끝나고 밤늦게 돌아오면 내가 기다리지 않고 잠들어 있다는 것도 불만 중 하나다. 그게 좀 억울한 부분이기도 한데, 나는 기다리다 지쳐서 잠든 경우도 많기 때문이다.

설령 기다리지 않고 잠들었다고 해도 그게 과연 서운해 할 부분일까? 남편이 돌아올 때까지 다소곳하게 기다리고 있다가 옷도 받아주고 밤참도 주면 남편 기분은 좋아지겠지만, 기다리는 사람은 녹초가 된다. 나 역시 남편 못지않게 하루 종일 일했고 다음 날의 스케줄이 있기 때문에 일찍 잠들어야 한다. 하지만 남편은 자정이 되어서야 들어오는 때가 많기 때문에 매번 기다릴 수 없는 것이다. 또 집에서 잠도 안 자고 기다리는 아내 때문에 남편이 부담을 느낀다면 그 역시 서로 불편한 일이 아닐 수 없다.

가끔 남편이 늦게 들어오면 다음날 스케줄이 없어서 느긋하게 잠자리에 드는 경우도 있다. 그럴 때 남편은 나를 붙들고 이런 저런 애기를 하고 싶어 하지만, 아무래도 주님은 나를 너무 사랑하시는 모양이다.

"여호와께서 사랑하는 자에게 잠을 주시는도다(시127:2)"라는 성경 말씀처럼 나는 베개에 머리가 닿자마자 잠이 드는 사람이다. 남편은 서서히 잠이 드는 사람이라 누워서 도란도란 애기를 들어주는 걸 좋아하는데, 아내가 곧바로 잠에 빠지니 얼마나 기운이 빠질까? 남편의 기대를 충족시켜주지 못해 나 역시 아쉽지만, 규칙적인 생활을 하는 나는 정해진 시간에는 어김없이 곯아떨어지곤 한다.

나는 보통 새벽 5시에 일어나 성경을 읽고 기도를 한 다음, 아침에 1시간 동안 수영을 했다. 그런 뒤 파이 샵에 가서 빵을 만들고 오후에 집으로 돌아와 집안일을 했다. 뿐만 아니라 유치원 업무도 봐야 하고, 행사에 참석할 때도 많았다. 하루 종일 쉬지 않고 움직이기 때문에 밤 10시만 되면 벌써 눈꺼풀이 풀리는 것이다.

초저녁잠이 많은 터라 밤에 외출하는 것도 별로 좋아하지 않는다.

1983년에 미국에서 유학하는 아들 요한을 방문한 적이 있는데, 영화 '록키2'를 보러 자동차 극장에 갔다. 요한은 평소 보고 싶었던 영화를 어머니와 함께 보게 되어서 몹시 좋아했다. 우리는 저녁 8시 30분에 자동차 극장에 도착해 자리를 잡고 영화를 보기 시작했는데, 얼마 지나지 않아 나는 곧바로 잠이 들어버렸다.

한참 자고 있는데 불빛이 눈앞에 어른거려 잠을 깼다. 밖에서 누군가 우리에게 랜턴을 비추고 있었다. 깜짝 놀라 창문을 열어보니 경찰이었다. 옆을 보니 요한도 어느 틈에 잠이 들어버린 모양이다. 시계를 보니 새벽 1시였는데 주위의 자동차들은 전부 사라지고 없었다. 경찰은 우리 두 사람이 자는 모습을 보고 혹시 마약을 한 게 아닌가 의심했다고 한다.

자초지종을 설명하고 우리가 모자간임을 밝히자 경찰은 "Are you all right?"하고 걱정스러운 눈빛을 보냈다. 운전을 하고 갈 수 있겠느냐는 뜻이었다. 집으로 운전하고 돌아오는 길에 요한이 이렇게 말했다.

"엄마, 영화 보러 와서도 실컷 잠만 자다니 우린 정말 못 말리는 모자네요."

불면증에 걸려 뒤척이기보다 차라리 먼저 잠드는 쪽이 낫지 않을까? 남편이 늘 자기보다 빨리 잠드는 아내를 너그러운 마음으로 이해해주었으면 하는 바람이다.

공사가 분명한 남편

2001년 7월에 페기 언니 큰딸 진이 두 아들과 함께 한국에 왔다. 한국에 오래 머물 작정으로 와서 짐이 좀 많았는데 인천공항으로 마중 나가려니 차가 필요했다. 나는 혹시나 하는 마음으로 남편에게 물었다.

"진이 아이들 둘을 데려오는데 짐이 많을 것 같아요. 거기서 공항버스를 타는 것보다 여기서 차를 갖고 가는 게 나을 것 같은데요."

하지만 남편의 반응은 냉랭했다.

"진이 극동방송 일로 오는 게 아니기 때문에 방송사 차도 안 되고 방송사 직원도 내보낼 수 없소."

'다른 사람도 아니고 외가 쪽 식구들이 온다는데 그렇게 매몰차게 거절할 필요가 있을까….'

속으로 야속하다는 생각은 하지만 공과 사를 구분하지 못한 나의 판단력이 오히려 무안했다. 나는 형식보다는 마음, 규칙보다는 실리가 더 중요하다고 생각하기 때문에 무심코 말한 건데 "사적인 일로 방송사 차를 쓰면 사람들이 나를 어떻게 보겠느냐"는 남편의 말이 훨씬 일리가 있었다.

나는 그때도 그렇지만 지금도 그 흔한 경차 하나 없다. 서울에 볼일이 있으면 집에서 20분쯤 걸어 내려가서 버스를 타고 볼일을 본 뒤 집으로 돌아온다. 남편과 극동방송 관련 행사가 있을 때면 방송사 차를 얻어 탄다. 혹시 남편이 외국에 나가면 방송사에서 "차 쓰실 일 있으면 연락달라"는 전화가 오지만, 그랬다간 나중에 혼날 게 뻔하기 때문에 아예 생각도 안 한다. 그래서 시장에라도 갈라치면 며느리 차를 얻어 타거나 택시를 타는 게 고작이다.

나 역시 처음에 한국에 왔을 땐 운전을 좀 했지만 난폭하게 차를 모는 사람들이 많아 곧 그만두었다. 이젠 너무 오래 운전하지 않아 차를 몰 엄두도 안 난다. 나는 남편처럼 시급을 다투는 일이 있는 것도 아니기 때문에 어디를 가든 차 없이도 전혀 불편하지 않다.

남편의 장점이자 단점이라면 결정이 무척 빠르다는 것이다. 나는 대개 오래 생각한 뒤 결정을 내리는 반면, 남편은 직관적으로 '이거다' 싶으면 결정을 내린 뒤 마음문을 닫아버린다. 판단이 빨라서 성격도 냉정할 거라고 생각하는 사람도 있지만 실은 전혀 그렇지 않다. 남편은 웬만해선 가족의 기념일을 잊는 법이 없다. 내 생일이 되면 잊지 않고 항상 선물을 챙겨준다. 주로 액세서리를 주는데 가끔 옷을 사주기도 한다.

요즘에는 웬만해선 그냥 돈으로 준다. 해외 집회를 다녀올 때면 초콜릿 같은 작은 선물이라도 꼭 사다준다. 함께 살면서 남편이 각종 기념일을 빼먹은 건 내 기억으론 한 번도 없다. 이렇게 자상한 남편과 사는 나는 참 행복한 아내임에 틀림없다. 그래서 나는 속으로 종종 하나님께 이렇게 기도한다.

'주님, 저에게 이렇게 좋은 남편을 주신 것 감사합니다. 남편에게 좋은 선물을 바라기보다, 먼저 좋은 아내가 될 수 있도록 제게 능력

을 주세요.'

언론을 피해 병원에 입원한 사연

남편은 언론에 나오는 걸 별로 좋아하지 않는다. 방송사 사장이기 때문에 늘 자신보다 다른 사람을 세워주는 데 익숙한지도 모르겠다. 남편이 언론의 집중 조명을 받았던 건 1973년 빌리 그레이엄 전도대회에서 빌리 그레이엄 목사의 설교를 통역했을 때다. 그때까지만 해도 국내에는 알려지지 않은 인물이었기 때문에 당시 언론의 인터뷰 요청을 많이 받았다.

"인터뷰 요청이 너무 많아. 정신이 없을 지경이야."

원래 거절을 잘 못하는 남편이니 나는 인터뷰도 해달라는 대로 모두 해줄 것이라 생각했다. 뭐든 대충은 못하고 빈말도 잘 못하는 성격이니 인터뷰 하느라 매일 기진맥진이었다. 빌리 그레이엄 전도대회가 거의 끝나갈 무렵 남편이 내게 도움을 요청해왔다.

"잠깐 몸을 피해 있는 게 어떨까요?"

나와 남편은 궁리 끝에 일반인이 접근하기 힘든 공군병원에 입원하기로 결정했다. 당시 공군병원 박경화 원장과 남편은 1962년 수원 비행장 기지 병원에서 근무할 때 친분을 쌓았기 때문에 입원은 어려운 일이 아니었다. 공군병원에 입원한 남편은 내게 이렇게 말했다.

“이번 대회는 빌리 그레이엄 목사가 인도한 대회이기 때문에 주인공은 내가 아닌 빌리 그레이엄 목사요. 유명세라는 건 오늘 있다가 내일 없어지는 허망한 건데. 인기를 얻고 유지하려는 건 어리석은 짓이야. 나는 그런 데에 소망을 두지 않아요.”

나는 남편이 유명세 속에서도 겸손한 마음을 갖은 데 대해 하나님께 감사했다. 이후 남편이 인터뷰를 피해 피신해 있었다는 사실이 조용히 알려지자 사람들 역시 “참 겸손한 사람”이라면서 그 일을 좋게 봐주었다. 하지만 지금도 난 사람이 누군가의 요청을 무조건 받아주는 게 결코 좋은 일은 아니라는 생각이다.

남편에게도 “처리할 일은 빨리 처리하고, 거절할 일은 냉정하게 거절하세요”라고 말해두었다. 남편이 피신해있는 동안 가족들도 결코 편치 못한 생활을 이어갔다. 기자들을 비롯해 수많은 사람들이 집으로 찾아오고, 기독회관으로 전화가 걸려와 한동안 불통이 된 적도 있다.

남편이 바쁜 일 중에 다른 사람의 무리한 청을 들어주는 일만 빼면 한결 수월하지 않을까. 남편은 대개 청이 많아지면 일단 몸을 피하고 보는데, 간혹 감당하기 어려운 부탁을 하는 사람들도 적지 않다. 하지만 도무지 안 되는 일이라면 남편도 단호하게 안 된다고 말한다. 물론 그렇게 말해도 사람들은 남편을 의지하고 집요하게 괴롭히는 일이 다반사다. 나는 요즘도 하루 종일 파김치가 되도록 일을 하고 온 남편이 옆에서 곤하게 잠든 모습을 보면서 속으로 이렇게 기도하곤 한다.

'주님, 분주한 가운데서도 복음을 전파하는 일에 열심을 내도록 도와주세요. 헛되고 부질없는 일이 아닌, 주님께서 원하시는 일을 하도록 이끌어주세요.'

'내가 한국에서 너를 들어서 쓸 것이다' 라고 말씀하셨던 성령님의 음성은 결코 나의 착각이 아니었다. 남편과 함께 한국 사람들을 위해 일하고 싶다는 굳은 결심을 했다.

제3장
선교사
트루디

24살 때 다시 중학생이 되다

나는 1962년에 한국말을 본격적으로 배우기 위해 수원여자중학교에서 다른 학생들과 공부했다. 그때는 나 말고도 만학도들이 있었기 때문에 학교생활은 크게 어색하지 않았다. 당시 나이 스물넷. 십여 년 차이가 나는 어린 학생들과 함께 공부하면서 국어실력이 조금씩 늘기 시작했다. 학교에서는 대신 나에게 학생들에게 영어를 가르쳐 달라고 부탁했다.

"커리큘럼은 제 나름대로 짜도 될까요?"

교장 선생님에게 이렇게 묻자, "진도만 너무 뒤처지지 않는다면 좋을 대로 하시라"고 말씀하셨다. 나는 전도할 수 있는 절호의 기회로 삼아야겠다고 생각했다. 수업시간은 50분이었지만 수업을 시작하기 전후로 말씀묵상을 하는 것이 내 방식이다. 당시 학생들은 성경책이 없었기 때문에 내가 그날그날 묵상해야 할 구절들을 칠판에 직접 적었다.

"오늘 말씀은 마태복음 6장…"

학생들에게 복음서를 들려주려고 하면 여기저기서 웃음소리가 들렸다. 나는 학생들이 내 강의가 지루해서 그런 줄 알았는데 실은 그게 아니었다.

"선생님, 마태볶음은 무슨 음식인가요?"

"이스라엘 사람들이 먹는 음식인가요?"

학생들은 내 발음 때문에 '마태복음' 을 '마태볶음' 으로 알아들었던 모양이다. 한참 먹을 나이니 단어에서 요리를 연상하는 것도 무리는 아니었다. 그때만 해도 내 한글 수준은 쓰기와 발음이 각각 달랐기에 학생들이 말을 종종 헛갈리곤 했었는데 말씀 공부할 때도 어김없이 그랬다. 하지만 정말 다행이었던 건, 기독교를 모르는 학생들이 거부감 없이 성경말씀을 적극적으로 받아들였다는 점이다. 그때 예수를 처음 믿고 신앙생활을 한 아이들 중엔 지금도 연락하는 이들이 적지 않다.

하지만 내 강사 노릇은 3주를 채 넘기지 못했다. 학교 측에서 내 한글 발음이 아닌, 영어 발음을 문제 삼은 것이다. 내 발음이 한국인 영어 교사들의 발음과 너무 달라 학생들이 혼동을 일으킬 수 있다는 것이 이유였다.

나는 지금도 가끔씩 그때의 추억을 떠올리곤 한다. 요즘 중학교는 정원도 작고 한 반에 같은 또래들이 공부를 한다고 들었는데, 당시처럼 오순도순 여러 학생들이 모여서 정감 있게 공부하던 시절이 참 그립다.

미군 장교 부인들의 눈물

한국에서 살게 된 이후로 시댁생활이 전부인 줄 알았던 내게 '신선한(?)' 충격을 주었던 경험이 바로 영어를 가르쳤던 일이다. 지금이야 한국 사람들이 영어에 꽤 능숙하고 해외에서도 영어를 쓰는 사람들이 많지만, 20년 전만 해도 'Orange' 하면 부들부들 떨었던 이들이 꽤 있었다.

나의 첫 수업 대상은 송탄 미군기지에 근무하는 장교들의 한국 부인들이었다. 그 전까지 장교 부인들을 만난 경험이 없었기에 '어떤 분들일까' 무척 기대가 되었다. 하지만 장교 부인들의 첫인상은 뭐랄까, 예전 프랑스 왕정시대의 귀족부인들을 떠올리게 했다. 성경공부에는 관심이 없었다.

'이 분들에게 예수님을 어떻게 전하지?'

매일 영어공부가 끝나면 성경 몇 구절을 찾아서 읽고, 함께 묵상하는 시간을 만들었기에 나로선 꽤 고민거리였다. 장교 부인들의 화제거리라곤 "그 옷 얼마야?" "이 반지는 남편이 이번 생일에 새로 해준 거야" 같이 주로 치장에 관한 것들이었다. 나는 오랜 고민 끝에 한 가지 기발한 아이디어를 떠올리게 됐다. 그것은 성경 속 인물들이 그당시 어떤 옷을 입고 있었을지 서로 상상해보도록 하는 것이다.

"창세기 39장 7절에서 18절에 보면 보디발의 아내가 요셉을 유혹하는 장면이 나와요. 요셉이 얼마나 잘 생겼으면, 남편이 있는데도 감히 대낮에 자기 집안일을 도맡아하는 종 요셉을 유혹하려고 했을까요?"

이렇게 운을 떼면 장교 부인들의 눈이 갑자기 반짝반짝해지면서 성경에 집중하기 시작했다.

"요셉이 팔뚝이 드러나는 옷을 입지 않았을까? 여자들은 그런 거에 끌리잖아요."

"아냐, 아무래도 보디발의 질투심을 유발하려고 그랬을 거야."

"보디발의 아내가 어떤 보석을 차고 있었을까?"

나는 장교 부인들이 한참을 옥신각신 하는 모습을 가만히 보고 있다가 이렇게 대답해주었다.

"우리가 아무리 신앙이 좋아도 누군가의 유혹으로부터 자유로울 수는 없어요. 내가 직접 유혹을 당할 수도 있고, 가까운 가족과 이웃이 유혹 때문에 아파할 수 있죠. 보니발의 아내는 자신의 유혹이 실패로 돌아가자, 요셉의 옷을 갖고 남편 보디발에게 '요셉이 자신을 유혹했다' 고 누명을 씌웠어요. 요셉은 그 때문에 감옥까지 갔지만 끝까지 진실했기에 나중에 다시 자신의 명예를 회복하고 국무총리가 될 수 있었죠. 우리 모두는 하나님 앞에서 끝까지 어떤 유혹에도 굴복하지 않기로 함께 약속했으면 좋겠어요.”

부인들은 처음엔 내 얘기를 시큰둥해하더니 함께 기도를 하는 동안 눈물을 뚝뚝 흘리기 시작했다. 한 사람이 울자 옆에 있던 다른 부인도 함께 울기 시작했다. 내가 기도를 끝낸 뒤에는 어깨를 끌어안고 함께 소리 내어 울었다. 부인들의 마음속에 감춰진 말 못할 사연들이 성경말씀을 통해 가슴속에서 요동쳤기 때문일 것이다.

아무리 완고하고 고집 센 사람이라고 할지라도, 하나님의 말씀이 들어가면 그 닫힌 마음은 무너지게 되어 있다. 장교 부인들 역시 체면과 명예 때문에 자신의 진짜 모습을 드러내지 못했지만, 마음 문을 연 이후에는 복음을 받아들이고 예수님을 영접할 수 있었다.

청와대 경호원의 믿음

지금 생각해봐도 신기한 일인데, 나는 처음 한국에 왔을 때부터 강의나 강연 요청이 많았다. 그때까지만 해도 미국 여자가 드물었기 때문이다. 한 번은 남편이 청와대 경호원들을 대상으로 설교를 한 적이 있는데 나까지 덩달아 영어를 가르치게 되었다.

경호원들에게도 영어를 가르쳐준 뒤 10~20분 정도 간단하게 성경말씀을 함께 묵상하도록 했다. 그쯤에는 성경을 억지로라도 볼 수

있게끔 하는 요령이 생겼는데, 성경말씀을 매주 2절씩 외워오도록
했다.

한 번은 어떤 경호원에 나에게 이렇게 물었다.

"사모님, 누가복음 7장에 나오는 백부장이라는 사람이 참 흥미롭
네요. 백부장이 뭔가요?"

"백부장은 100명의 병사들을 지휘하는 지휘관을 뜻하는 말이에
요. 당시 로마의 군대는 백부장 아래 십부장이 있고 위로는 천부장
이 있었어요. 신약성경에 소개된 백부장들은 하나같이 좋은 사람으
로 소개되고 있죠. 예수님의 무덤을 지키던 책임자도 백부장이었어
요."

성경을 보면 이 백부장은 하인이 병들어 죽게 되자 예수님께 고쳐
줄 것을 간청한다. 예수님은 백부장의 청을 흔쾌히 받아들여 백부장
의 집으로 가려고 하셨다. 그때 백부장은 예수님에게 "내 집에 들어
오심을 나는 감당치 못하겠나이다"라고 말했다. 그리고 "말씀으로
만 명령하십시오. 그러면 내 하인이 낫겠삽나이다"라는 말로 자신
의 믿음을 입증했다. 예수님의 명령 한 마디면 하인의 병을 고칠 수
있다는 믿음이 있었던 것이다.

나는 경호원들에게 "여러분의 기도가 가족과 친구, 동료들의 병을

고칠 수 있다는 믿음을 갖길 바란다"고 말하며 그들을 위해 기도했다. 그런데 며칠 뒤 수업을 들었던 한 경호원에게서 전화가 걸려 왔다. 벅찬 감정을 주최하지 못해 숨을 몰아쉬던 그는 "저희 어머니의 폐렴이 나으셨다"면서 내게 고맙다는 말을 전했다. 전후사정을 몰랐던 나는 "제가 한 일이 없는데요?"하고 물었다.

그 경호원의 대답이 마음을 유쾌하게 했다.

"사모님께서 병든 사람을 위해 믿음으로 기도하면 낫는다고 하셨잖아요. 그 말 생각하면서 밤마다 저희 어머니 건강을 놓고 기도 했어요. 매일 병원에서 받은 약만 드시면서 고생하시는 어머니가 안쓰러웠거든요. 그런데 기도한 지 일주일이 지나자 기침을 전혀 안 하시는 거예요. 폐렴이 깨끗하게 나으신 거죠."

나는 경호원에게 "백부장 못지않은 훌륭한 믿음을 갖고 있다"고 칭찬해주었다. 처음에 마지못해 성경공부를 시작했던 그가 예수님을 영접하고 치유의 은사까지 받았으니 놀라운 일이 아닐 수 없었다. 지금도 나는 간증할 기회가 있으면, 그 경호원의 고백을 다른 사람들과 나눈다. 그의 간증을 통해 '주님이 하시는 일은 누구도 예상할 수 없을 만큼 깊고 오묘하다' 는 것을 다시금 확인할 수 있었다.

"예수님을 믿으면 무엇이 달라지나요?"

1980년부터 1994년까지 14년 동안은 한양대학교와 수원대학교, 아주대학교 등에서 일주일에 나흘 정도 강의했는데, 배움을 향한 열정이 뜨거운 학생들과 호흡하며 나 역시 젊어지는 듯한 기분이 들었다. 참 행복했던 시간이었다. 학생들은 어른들보다 순수하기 때문에 새로운 지식에 대한 흡수가 빠른 편이다. 영어수업뿐 아니라 수업 후 10분 동안의 짧은 성경공부 시간에도 많은 학생들이 내 얘기를 집중해서 들었다.

"우리는 누구나 태어나는 순간부터 하나님의 부르심을 입습니다. 그래서 어떤 사람은 의사로, 어떤 사람은 정치인으로, 아니면 경제인, 연예인으로, 또 저와 같은 사람은 교사로 부르시기도 하죠. 누군가 내게 '트루디, 당신의 직업은 무엇인가요?' 하고 묻는다면 저는 이렇게 답할 거예요. 하나님께서 원하시는 뜻대로 움직이는 '선교사'라고. 하나님의 뜻대로 살려고 하는 사람에게 직업은 곧 그 사람의 소명이요, 평생에 수행해야 할 과업이 되죠. 나는 여러분이 단순히 성공이나 돈, 혹은 명예를 좇기보다 하나님이 여러분에게 맡기신 일이 무엇인지 찾아보라고 말해주고 싶어요. 만약 정말로 하나님이 기뻐하시는 뜻을 발견한다면, 여러분은 곧 그 일에서 성공도 얻을 수 있을 거예요."

어떤 학생들은 이렇게 묻기도 한다.

"예수님을 믿으면 무엇이 달라지나요?"

나는 그럴 때마다 "그 사람의 삶에서 슬픔과 불안이 사라지고, 천국을 향한 소망과 기쁨으로 인해 삶이 행복해진다"고 대답했다.

학생들을 가르치면서 참으로 의아했던 것 중 하나는, 성장과정에서 복음을 접할 기회가 있었는데도 천국을 향한 확신이 없다는 것이다. 내 경험에 비추어 이야기하자면, 어릴 때 빌리 그레이엄 목사의 전도 대회에서 예수님을 구세주로 마음으로 믿어 구원의 확신을 얻고 천국이 열리는 경험을 했다.

천국이 열린다는 것은, 복음서에서 예수님이 요한에게 오실 때 하늘이 열리고 성령이 비둘기처럼 내려온 장면과 비슷하다. 나는 수많은 구름떼 같은 사람들이 하늘 위에서 하나님께 영광을 돌리며 끊임없이 찬양하는 모습을 꿈꾸듯이 경험했다. 그 후에도 살면서 그때의 경험이 머릿속에 각인돼, 천국에 대한 확신을 굳게 해주었다.

"이 일 후에 내가 보니 하늘에 열린 문이 있는데, 내가 들은바 처음에 내게 말하던 나팔소리 같은 그 음성이 가로되 이리 올라오라 이후에 마땅히 될 일을 내가 네게 보이리라 하시더라. 내가 곧 성령에 감동하였더니 보라 하늘에 보좌를 베풀었고 그 보좌 위에 앉으신 이가 있는데, 앉으신 이의 모양이 벽옥과 홍보석 같고 또 무지개가

있어 보좌에 둘렀는데 그 모양이 녹보석 같더라."(요한계시록 4장
1~3절)

우리가 천국에서 하나님을 뵙게 된다면, 보석과 같이 빛나는 그분
의 광채에 놀라고 말 것이다. 이것은 이 세상에서 볼 수 없는 영광과
거룩함에 대한 증표가 될 것이다. 우리가 결코 이 땅에서의 삶에 낙
심하거나 좌절하면 안 되는 이유다.

어느 날은 한 학생이 수업이 끝난 뒤 나를 찾아와 신앙문제를 놓고
상담을 요청해왔다. 공부도 잘하고 얼굴도 꽤 예쁜 학생이었던 걸로
기억한다. 그 학생은 할머니 때부터 집안이 예수를 믿어왔지만, 자
신은 현재 구원의 확신이 있는지 잘 모르겠다고 털어놓았다.

"저는 예배에 한 번도 빠지지 않고, 방학 때는 수련회도 참석했지
만 구원의 확신이 없어요. 어떻게 하면 좋을까요?"
"너무 구원에만 몰입하지 말아요. 예수님이 학생을 위해 왜 돌아
가셨는지를 묵상해보는 건 어떨까요?"

얘기를 들어보니 너무 엄격한 집안에서 자랐고, 신앙생활 역시 형
식적으로 했던 모양이다. 기도할 때는 한 번도 울어본 적이 없고, 아
무리 기도해도 어떤 느낌을 받지 못했다고 했다. 나는 성경을 차근

차근 읽어보면서, 예수님을 친한 친구보다 더 가까이 하면 분명히 성령의 감동이 올 거라고 위로 해주었다.

다행히 그 학생은 얼마 지나지 않아 교회 금요철야 집회에서 성령을 통해 변화를 받았다. 그 전에는 설교시간이 지루하기도 했고, 누군가 울면서 기도하면 이해가 안 됐지만 이젠 예수님의 사랑을 알고 자신도 예수를 닮는 삶을 실천할 거라고 간증했다.

그런 얘기를 들을 때마다 나는 속으로 '예수님은 참 공평하신 분'이라는 생각이 든다. 요한복음 6장에서 예수님은 "아버지께서 내게 주시는 자는 다 내가 결코 내쫓지 아니하리라"라고 말씀하셨다. 돈이 있든 없든, 사회적으로 유명하든 그렇지 않든 예수님은 우리를 모두 받아주신다. 만약 "사람을 100명쯤 회개시키지 않으면 천국에 올 수 없다"거나 "선한 일을 충분히 하지 않으면 구원은 없다"고 하셨다면 우리는 얼마나 낙심했을까?

하지만 예수님은 넓고 크신 사랑으로 지금도 우리를 조용히 부르고 계신다. 어떤 문제나 고난이 있든, 그분 앞으로 문제를 갖고 나가기만 하면 모두 해결 받을 수 있다는 건 큰 축복이 아닐 수 없다.

대학 강의의 교훈

　강의하면서 신앙적으로나 인격적으로 훌륭한 학생들을 만나는가 하면, 그렇지 못한 경우도 있었다. 2002년 둘째 아들 요한의 요청으로 지방의 어느 한 대학교에서 강의했던 때가 바로 그랬다. 내 나름대로는 강의를 순서에 맞춰 준비했는데, 담당 교수는 나에게 "일찍 끝내시라"며 거듭 당부했다.

　"저는 원래 강의해도 20분을 넘기지 않아요. 너무 걱정 마세요."

　내가 이렇게 말해줘도 그 교수는 뭐가 불안한지 "길게 하시면 곤란하다"고 신신당부를 했다. 보통은 강사에게 자신감을 주는 말을 하는데, 시작 전부터 그런 말을 하니 내 쪽에서도 약간 기운이 빠졌다. 하지만 강당에 들어섰을 때 비로소 그 교수가 왜 자꾸만 빨리 끝내라고 했는지 그 이유를 알게 되었다.

　학생들은 거의 잡담을 하거나 산만한 행동으로 수업의 준비가 안 되어 있었다. 내가 강의실에 들어와 강단 앞에 섰는데도 내 쪽은 보지도 않고 장난만 치고 있었다. 채플은 보통 학점을 따기 위해 의무적으로 듣는 수업이긴 하지만 도무지 강의할 분위기가 아니었다.

　"여러분, 저는 지금부터 아주 짧게 제가 살아온 이야기를 하려고 해요. 제 말 좀 들어 줄래요?"

나는 애원하는 심정으로 말을 했지만, 학생들은 이쪽을 힐끗 쳐다볼 뿐 특별히 표정이나 행동이 달라지진 않았다. '채플은 경건하고 진지한 수업'이라고 생각했던 나로선 꽤나 충격적인 일이었다.

내가 밥 존스에 다닐 때 채플은 무척 중요한 수업이었다. 벌점제도 때문에 강제성이 있긴 했지만 채플 시간은 늘 경건하고 진지한 분위기에서 이뤄졌다. 나는 난장판인 강의실을 둘러보면서 밥 존스에서와 같은 강력한 제재가 필요하다는 생각을 했다.

순간 나는 기도했다.

'하나님, 비록 저들의 태도가 닫혀 있더라도 마음으로 제 얘기를 받아들일 수 있도록 도와주세요.'

기도 후 나는 "여러분이 듣지 않더라도 저는 제 말을 다 마치고 여기서 나갈 것"이라고 선언했다. 다행히 몇몇 학생들이 내 얘기를 듣고 있었기에 나는 그쪽을 바라보며 말을 계속할 수 있었다. 수업 도중에 담당 교수가 '그쯤 하셔도 된다'고 전해왔지만 나는 포기하지 않고 끝까지 수업을 했다. 학생들은 나를 포기했지만 나는 수업을 포기할 수 없었기 때문이다.

수업이 끝나고 강의실을 나서자 아들 요한이 나를 기다리고 있었다.

"어머니, 죄송해요. 학생들 분위기가 이래서…."

요한은 자신이 소개한 학교에서 이런 일이 벌어진 데 대해 진심으로 미안해했다.

나는 "네가 책임질 일은 아니니 걱정하지 말아라"고 위로했다. 당시 우리 초등학교 학생들도 함께 갔었는데, 음악 연주, 태권도 시범 등을 할 때는 학생들이 관심을 가져주어서 그나마 다행이었다.

오전 수업을 망치고 나니 저녁수업이 또 다시 걱정되었다.

'만일, 오전수업과 같이 내 말을 들어주지 않는다면…강의를 계속해야 할까?'

하지만 다행히 야간 대학생들은 태도가 비교적 진지했다. 주간 대학생들과 달리 떠들거나 딴 짓을 하는 학생도 없었고 내 얘기에 곧장 반응하며 수업을 무사히 진행할 수 있었다.

그 다음날 요한이 목회하는 「함께하는 교회」에서 강연할 때는 그보다 분위기가 더 좋았다. 목사 사모 세미나에 모인 사모들에게 내 경험담을 털어놓자 곧바로 폭소가 터졌다.

나는 강연을 하면서 "사람이 관심과 주의를 끄는 건 굉장히 어려운 일"이라는 깨달음을 얻었다. 누구나 내 말을 경청해주지는 않는다. 나와 친한 사람, 내가 사랑하는 사람들은 언제어디서든 내 말을 듣지만, 그 외에 나를 모르는 사람들은 자신들이 듣고 싶은 얘기가 아닐 경우 곧바로 귀를 닫아버린다.

예수님께서 사역을 하실 때도 바리새인과 제사장, 장로들은 예수님의 말씀을 귀담아 듣지 않았다. 예수님께서 이 땅에 오신 이유는 말씀을 통해 병든 자와 억눌린 자를 자유롭게 하고 십자가에 달림으로써 인간의 죄를 용서하시고 구원하기 위함이었지만, 사람들은 자신들을 위해 이 땅에 온 예수님을 철저하게 배척해버렸다.

강사로서의 경험은 나에게 예수님의 심정과 사람들에게 복음을 전하는 일의 중요성을 다시 한 번 일깨워준 소중한 기회였다. 나는 이때의 경험을 토대로 또 다른 새로운 기도제목을 갖게 되었다.

'언제나 예수님의 심정으로 담대하게 말씀을 전하게 하시고, 성령을 통해 마음이 닫힌 자들의 귀를 열어주옵소서.'

성경에서 닮고 싶은 인물

강의를 가면 사람들이 자주 묻는 말이 있다.

"사모님은 성경 속 인물 중 누구를 제일 좋아하세요?"

예수 믿는 사람들은 저마다 성경 속에 롤모델이 있게 마련이니 내게도 그런 인물이 있을 거라 생각하는 모양이다.

내가 성경 속에서 가장 좋아하는 인물은 다윗이다. 다윗은 성경 속 인물 중 "하나님의 마음에 합한 사람"이라는 호칭을 들었던 유일한 사람이다. '내가 가장 아끼는 후배' '우리 회사에서 없어서는 안 될 사람' 이라는 말도 남을 높여주는데, 창조주인 하나님에게 인정

받은 다윗은 얼마나 복 받은 사람일까? 때문에 누가 성경 속 인물 중 가장 좋아하는 사람을 꼽으라고 한다면 나는 주저 없이 다윗을 꼽곤 한다.

하나님이 다윗을 특별히 아끼셨던 이유는 무엇일까? 다윗은 중심이 곧고 올바른 사람이었다. 누구보다 겸손하고 인내했으며, 단 한 번도 하나님을 원망하지 않았다. 비록 다윗은 전쟁을 통해 피를 많이 흘려서 성전 건축을 솔로몬에게 넘겨야 했지만, 자기 손으로 죄를 범하기 보다는 매사에 조용히 하나님의 심판을 기다렸다.

자신을 살해하려던 사울이 죽었을 때 다윗은 결코 기뻐하지 않았다. 사울을 죽일 수 있는 기회를 여러 번 가졌던 다윗이지만, 사울이 자기를 미워하지 않고 이스라엘을 올바로 통치해주길 바랐다. 때문에 다윗은 사울의 죽음 앞에서 누구보다 슬퍼했다. 다윗이 사울을 죽였다고 고백한 아말렉 사람을 즉각 처형했던 것을 보면, 그가 사울의 죽음을 원치 않았다는 것을 알 수 있다.

다윗이 매력적인 이유는 또 있다. 그는 누구보나 강한 왕이었시만 동시에 인간의 연약한 성정을 고스란히 드러내준 인물이기도 하다. 어떤 이들은 다윗이 신하인 우리아의 아내 밧세바를 빼앗고 간음했기에 하나님께서 그 벌로 다윗의 아들을 병들어 죽게 했다고 말한다.

하지만 우리는 모두 다 다윗과 같은 연약한 인물이 아닐까? 만약 다윗의 실수를 통해 그를 폄하해야 한다면 인간 본성의 타락함과 나약함 또한 지적해야 할 것이다. 우리는 누구나 다윗과 같은 실수를 저지를 수 있고, 지금도 저지르고 있다. 하지만 중요한 건 다윗이 하나님의 심판 앞에 인내하며 하나님을 원망하지 않았다는 점이 아닐까?

우리는 불행이 닥치면 '왜 하필 나에게 이런 일이…' 하면서 곧바로 하나님을 겨냥한다. 모든 것이 아무런 문제없이 잘 돌아가다 한 가지만 어긋나도, '어째서 하나님이 나에게 이런 시련을 주실까' 하고 되묻는 것이 바로 인간이다. 하지만 다윗은 그렇게 하지 않았다. 아들이 시름시름 앓고 있을 때, 다윗은 굵은 베옷을 입고 금식하며 애통하는 마음으로 하나님께 부르짖었다.

하지만 하나님께서는 다윗의 아들을 데려가셨다. 신하들은 다윗이 너무나도 열심히 기도를 하고 있어서 감히 아들이 죽었다는 말을 전하지 못했다. 다윗은 신하들을 통해 아들이 죽었다는 말을 들었을 때 담대하게 이를 받아들였다. 언제 그랬냐는 듯 머리에 기름을 바르고 몸을 단장하며 왕의 본분으로 돌아온 것이다. 원망은커녕 이전보다 더욱 하나님을 열심히 섬기는 모습을 통해 하나님께서는 다윗을 더욱 인정해주시지 않았을까.

나는 유치원과 초등학교 일을 거들면서 다윗의 이러한 믿음과 리더십에 많은 도움을 받았다. 어려움에 대처하는 법, 남을 배려하는 법, 매일 주어진 일에 최선을 다하는 법…. 생각해보면 이런 것들은 모두 세상에서도 얼마든지 배울 수 있는 일들이다. 하지만 믿음을 통해 한 조직의 리더가 되는 일은 세상의 방법과 많은 차이가 있다.

다윗의 리더십에는 두드러진 몇 가지 특징들이 드러난다.

우선 겸손한 리더십으로 협력자를 만들어냈다는 점이다. 교만한 리더에게는 유익을 바라는 가신들이 많은 반면, 겸손한 리더에게는 힘들고 어려울 때 충성하는 진짜 협력자들이 있기 마련이다.

다윗은 자신이 부족하다는 사실을 하나님뿐만 아니라 다른 사람 앞에서도 인정했다. 블레셋과 싸울 당시 고향 베들레헴을 목전에 두고 그리워하자, 그의 충성된 병사들은 목숨을 걸고 적진을 뚫고 베들레헴 샘물을 길어온다. 그걸 본 다윗은 너무나 감격하고 미안해서 차마 그 물을 마시지 못한다. 이를 본 병사들은 왕의 겸손한 모습에 다윗에게 더 큰 충성을 맹세하게 된다.

다윗은 넓은 포용력도 갖고 있었다. 아말렉 병사들이 시글락을 불태우고 처자식들을 모두 포로로 잡아갔을 때, 다윗은 병사 600명과 함께 아말렉 병사들을 추격했다. 하지만 다윗의 부하들 중 일부는 다윗을 원망하며 브솔 시냇가에서 뒤처지게 된다. 다윗은 나머지 병사를 이끌고 아말렉을 기습해 빼앗긴 처자식들을 찾아왔다. 전쟁에 나갔던 병사들은 브솔 시내에 머물던 200명의 병사들을 대적하며 "처자식만 돌려주고 노획물은 나누지 말자"고 제안했다. 하지만 다 윗은 너그럽게도 이들을 모두 용서하고 포용하기로 했다.

언제쯤 다윗과 같은 믿음과 리더십을 가질 수 있을까? '하나님의 마음에 합한 자' 라는 호칭은 평생에 걸쳐 가장 영광스러운 말임에 틀림없다.

내 별명은 '우렁이 각시'

한국에서 선교사로 일하다보니 뜻하지 않은 상을 받은 적도 있다.

2002년 4월, 미국 텍사스 주 하워드 페인 대학교에서 명예 문학박 사 학위를 받은 것이다. 미국에서는 명예 박사학위를 대단히 높게 평가하는 편이다. 일반 박사학위는 공부를 하면 받을 수 있는 데 비 해 명예 박사학위는 어느 한 분야에서 전문적인 성취를 이루거나, 사회 기여도가 높아야만 받을 수 있기 때문이다. 하워드 페인 대학 에서 학위 수여 소식을 들은 내가 깜짝 놀란 것은 당연한 일이었다.

"대단한 일을 한 것도 아닌데 왜 하워드 페인 대학에서 잘 알지도 못하는 나에게 명예박사학위를 주는 거죠?"

남편에게 물었더니, 자신이 침례교세계연맹 총회장이 된 공로가 내게도 있기 때문이라는 대답이 돌아왔다. 학교 측에서는 남편의 명성 때문에 내게 학위를 주려고 하는 모양이었다. 아무리 그래도 남편이 총회장이 되었는데 왜 나 혼자 학위를 받는다는 말인가! 나는 단 번에 거절 의사를 밝혔다. 하지만 남편은 그런 나를 말렸다.

"4월이면 학교가 얼마나 바쁜지 알잖아요. 파이 샵에도 하루 종일 손님들이 끊이질 않는다고요. 저는 자리를 비울 수가 없어요."

"하지만 그 학교는 규모가 크지 않은 학교이기 때문에, 만약 당신이 안 가면 학교가 시시해서 안 오는 줄 알거요."

들고 보니 남편의 말이 일리가 있었다. 때마침 남편이 하워드 페인 대학 졸업식에서 설교를 하기로 돼 있었고, 요한도 미국에서 세미나가 있어 결국 세 사람이 함께 미국행 비행기를 타기로 했다. 요한은 "미국인 선교사로서 한국에서 사명을 감당하시는 모습을 사람들에게 당당하게 보이는 것도 의미 있는 일"이라며 나를 격려했다.

명예 박사학위를 받기 위해 단상으로 향하는데 성령님께서 내 안에 다음과 같은 감동의 메시지를 주셨다.

'이것은 너의 영광이 아니라, 너를 통해 일하는 나의 영광을 드러내기 위함이다. 앞으로도 나는 한국에서 너를 크게 들어 쓸 것이다.'

그때 내 안에서 하나님을 향한 기쁨이 샘솟기 시작했다. 박사학위를 받는 것 자체보다, 그 순간 주님의 영광을 드러낸다고 생각하니 감격스러웠다. 그런 내게 남편과 아이들은 누구보다 뜨거운 축하의 박수를 보내주었다.

수원에 돌아오니 학교에서 내 명예 박사학위 수상을 축하하는 문집을 만들어 선물해주었다. 문집의 제목은 'Bloom where you are planted' 이었다. 문집 속에서 어떤 이는 나를 사도행전에 나오는 '도르가' 로 비유하며 그리스도의 향기가 느껴지는 모범적인 삶을 산다고 크게 칭찬을 했다. 모두들 나를 추켜세워주기로 '결의대회(?)' 라도 했는지 칭찬일색이라 약간 부끄럽기도 했다. 그중 가장 인상 깊었던 건 한 유치원 교사가 나를 '우렁이 각시' 에 비유한 글이다. 일부분을 옮겨보면 이렇다.

"유치원에 빨아야 할 걸레들이 있었는데 내일 할 마음으로 그대로 놓고 퇴근했다. 이튿날 유치원에 가보니 깨끗한 걸레가 건조대에 가지런히 널려 있었다. 나중에 알고 보니 원장 선생님께서 다 해놓으신 거였다. 나는 원장님이 불러서 야단치실 줄 알았는데 결국 아무 말 없이 지나가셨다. 다른 사람의 부족한 부분을 지적하거나 탓하지 않고 조용히 그 자리를 메워주시는 분, 당신이 하신 일을 절대로 드러내지 않는 우렁이 각시 같은 원장님을 나도 닮고 싶다."

문집을 받은 날 저녁, 내 방에서 글을 천천히 읽으면서 나도 모르게 눈가에 눈물이 고였다. 나로선 내 뜻과 의지가 아닌, 하나님의 뜻을 실천하려고 노력했을 뿐인데 교사와 학부모들은 내 자신보다 나를 더 사랑하고 있었다. 나는 그들을 위해 특별히 해준 게 아무 것도 없는데…. 그날 이후, 감동의 메시지를 보내준 사람들을 마주칠 때마다 따뜻한 마음으로 포옹을 해주기 시작했다. 영문을 모르는 이들은 "원장님, 제가 무슨 잘못한 일이 있나요?"하고 물었지만 나는 좋아서 혼자 싱글벙글했다.

제4장
사모
트루디

침례교세계연맹 총회장의 사모

2000년 1월, 호주 멜버른에서 전 세계 각 지역 침례교 대표 1만여 명이 참석한 가운데 제18차 BWA(Baptist World Alliance: 세계침례교연맹) 총회가 열렸다. 이날 남편은 동양인으로서는 최초로 세계 침례교 총회장으로 선출되는 영광을 누렸다. 당시는 한국이 지금보다 상대적으로 덜 알려진 나라여서, 남편의 총회장 선출은 세간의 주목을 받았다. 1억 5천명이 넘는 세계 침례교인을 대표하는 한국인 목사라니! 자랑스러운 일이었다. 당시 김대중 대통령도 호주 대사를 대회장에 보내 축전을 대독케 했는데, "21세기를 여는 첫 해에 침례교세계연맹 총재로 취임하신 걸 진심으로 축하한다"며 기뻐하셨다.

나 또한 가족들과 함께 남편의 취임을 보기 위해 동행했다. 세계 각국에서 온 만 명 넘는 참석자들로 대회장은 역동적인 에너지가 느껴졌고, 모두들 새로운 총회장의 당선에 기대를 갖고 있는 분위기였다. 남편은 다소 상기된 표정이었지만 긴장하는 것 같진 않았다. 남편은 이미 1973년에 100만여 명이 운집한 빌리 그레이엄 전도대회를 비롯해 다수의 대형전도 대집회를 치른 경험도 있었다.

남편이 단상으로 나갈 때 나를 비롯한 가족들도 함께 올라갔다. 내가 '당신 표정이 조금 긴장한 것 같아요' 하고 귀엣말을 하자 남편이 나를 보면서 가볍게 미소를 지었다.

침례교세계연맹은 지난 1905년부터 5년마다 주로 올림픽이 열리는 나라에서 세계대회를 열어 선교와 인권 문제 등을 논의하고 지원한다. 제18차 총회에서는 2000년 희년을 맞아 최빈국의 외채탕감을 호소하고, 재해를 당한 제3세계 국가에 300만달러 구호기금 지원이 결의되었다. 11개국에서 모인 1만여 명 넘는 침례교 대표인들은 남편의 총회장 선출을 박수로 추인해주었다. 총회에서는 태국 국경 난민 캠프에서 미얀마 카렌족 난민들을 돌보고 있는 시몬 목사가 세계 침례교연맹 인권상을 받기도 했다. 지난 17차 대회에서는 지미 카터 전 미국대통령이 세계 평화에 기여한 공로로 이 상을 받았다.

남편은 원래 높은 자리에서 사람들의 추앙을 받는 걸 꺼려하는 사람이지만, 이날만큼은 침례교인들의 축하를 받으면서 진심으로 기뻐하는 눈치였다. 얼마 전까지 총회장으로 선출될지도 모른다는 얘기를 들었을 때 나는 속으로 이렇게 기도했다.

'주님, 지금껏 남편이 하는 모든 일에 동행해주셨으니, 이번 일도 잘 감당할 수 있게 해주세요. 설령 총회장이 되지 않는다고 해도 주님 뜻으로 받아들이고 감사할 수 있도록 도와주세요.'

남편은 "총회장이 되면 하나님께서 유용하게 쓰시도록 어려운 일에 순종하고 싶다"는 바람을 내비치곤 했다. 나는 그 말을 듣고 남편이 빌리 그레이엄 전도대회 때 열성적으로 통역을 맡았던 일을 떠올렸다. 남편은 빌리 그레이엄 목사와 혼연일체가 돼 헌신적으로 통역을 했다. 남편 말에 따르면 그때 많은 이들이 복음을 알게 되었고, 목사와 선교사가 되기로 결심한 이들도 많았다고 한다. 또 일생동안 교회 나가지 않은 이들도 남편의 통역을 통해 전해진 빌리 그레이엄 목사의 설교를 듣고 감동을 받기도 했다. 나는 남편의 목회 일생에 두 번 찾아오기 힘든 그 순간이 총회장 선출로 인해 다시 재연될 수 있다는 기대감을 갖게 되었다.

한국에 돌아온 뒤 주변에 어떤 분이 남편이 세계침례교총회장에 당선된 걸 축하한다면서 고급 승용차를 선물했다. 남편은 평소에 작은 경차를 타고 다녀서 청와대나 정부기관에 들어갈 때면 번번이 입구에서 막힐 때가 있었기 때문에 요긴하게 쓰일 수 있었다. 하지만 남편은 그래도 거절하겠다는 뜻으로 "기름값을 대주면 타겠다"고 했는데 그분은 한 달에 기름값 명목으로 50만 원씩 통장에 부치기 시작했다. 덕분에 남편이 외국에서 손님이 올 때나 청와대에 갈 일이 생기면 그 차를 이용할 수 있게 되었다.

"유명해지니까 좋은 점도 많네요. 이런 고급 승용차를 또 언제 타 보겠어요."

나는 남편이 총회장 당선 이후로 우쭐해지면 어쩌나 하는 마음에 남편을 은근히 떠보았다. 그런데 남편은 오히려 나를 옆 눈으로 보더니, "혹시 총회장 부인이라고 누구에게 덕 볼 생각일랑 하지 말아요"라면서 주의를 주었다. 남편은 이 일로 혹시 내가 우쭐해지면 어쩌나 걱정이 되었던 모양이다. 하지만 나는 거꾸로 '남편이 총회장이 되었으니 행동거지가 더 제한되겠구나' 생각했다. 목사 남편과 살면 우쭐해질 일이 애당초 없다.

사람들은 "목사님께서 그렇게 유명해지시니 사모님은 얼마나 좋으시냐"고 하지만 천만의 말씀이다. 나는 사람이 유명해지는 게 그 사람의 영혼에 유익된 점이 별로 없다고 생각하는 편이다. 남편이 총회장에 당선된 것이 내게는 앞으로 외국에 나갈 일이 더 많고, 지금보다 더 바빠진다는 것 그 이상의 어떤 의미도 없었다.

예상대로 총회에서 돌아오자 남편은 여기저기 인터뷰 요청이며 집회 초청에 참석하느라 눈코뜰새 없이 바빴다. 하지만 나는 한 번도 남편이 총회장이란 지위를 내세워 누군가에게 대접받는 걸 본 적이 없다. 남편이 세계적으로 유명한 목회자가 된 이후에도 신앙의 초심을 지키고 있는 것 같아서 늘 주님께 감사하다.

"목사님이 유명해지셨으니 돈 좀 빌려주세오"

하나님을 믿지 않은 사람들은 교인들이 매주 헌금을 해주니까 목사는 당연히 부자일 거라고 생각한다. 예전 인계동에 살 때 동네 아저씨가 내게 이렇게 물었던 적이 있다.

"목사님네는 굉장한 부자죠? 얼마나 부자인가요?"

그 말을 듣고 황당해서 아무런 대답도 해줄 수 없었다. 교회는 목사 개인의 소유가 아닐뿐더러 성도들의 헌금은 교회 운영이나 선교, 구제 등 각종 사역에 쓰이기 때문에 목사는 매달 정한 사례비를 받을 뿐이다. 게다가 남편은 초창기부터 미국에서 모금한 돈으로 여러 사람을 도와줬기 때문에 실제 통장에 쌓이는 돈은 거의 없었다.

하지만 대형교회 목사라는 것만 생각하고 남편을 찾아와 도움을 요청한 사람이 부지기수였다. 정말 도움이 필요한 사람도 있지만 그렇지 않은 사람도 많았기 때문에 이것을 가려내는 것도 남편과 나의 숙제였다. 여러 사람을 겪다보니 남편과 나는 상대방의 몇 마디만 들으면 거짓말인지 아닌지 금방 안다.

어떤 사람은 이 교회 저 교회를 다니면서 상습적으로 도움을 요청하는 경우도 있는데, 그런 사람이 찾아오면 남편은 금방 알아채고 거절한다. 그 사람은 처음엔 사정을 하다가 나중에는 크게 화를 내고 돌아간다. 남편이 해외 성회를 간 뒤 남편과의 친분을 내세워 교회로 도움을 요청하는 사람들도 있다. 어떨 때는 아예 액수를 구체적으로 정해서 도와달라고 당당하게 요청하기도 한다. 남편에게 퇴짜를 맞은 뒤 2차(?)로 요셉, 요한 목사에게 가는 사람도 봤다.

목사님들이 시달리는 만큼 나는 그런 청탁에서 좀 자유로웠으면 싶은데 실상이 그렇지가 않다. 지금은 그런 경우는 없지만 예전만 해도 동네 아주머니들이 돈을 빌려달라고 찾아오는 경우가 있었다.

한 번은 병원 청소 일을 하면서 어렵게 사는 분이 나를 찾아와 "내가 돈을 갚지 못해 딸이 섬으로 팔려가게 생겼다"고 하소연을 했다.

"사모님, 딱 100만원만 있으면 그 아이를 살릴 수 있어요. 무턱대고 애를 데려가서는 '돈을 갚지 않으면 인신매매로 넘겨버릴 테니 그리 알라' 고 하는데 제가 가진 돈이 없어요. 제발 도와주세요. 저에게 돈을 빌려주시면 꼭 갚겠습니다."

지금도 100만원은 큰돈이지만, 당시에도 웬만한 월급쟁이 한 달 봉급에 해당됐기 때문에 나는 머리가 어지러웠다.

'주님…, 이 자매님의 사정을 도울 수 있는 물질을 저에게 허락해주세요.'

나는 그 자매를 위로한 다음, "일주일 뒤에 다시 한 번 찾아오라"고 말한 뒤 일단 돌려보냈다. 그렇다고 딱히 대책이 있는 건 아니었다. 그처럼 서럽게 우는 자매를 보니, 아이를 기우는 엄마로서 마음이 아파서 도와주고 싶은 마음이 들었던 것이다.

'주님이 어떻게든 해결해주시겠지.'

그렇게 생각하고 그 뒷날부터 새벽마다 그 자매를 생각하면서 기도를 했다. 그런데 며칠 뒤 여의도 순복음교회 조용기 목사님께서 내 생일을 축하한다면서 100만 원을 축하금으로 주시는 게 아닌가! 10만원만 모자랐어도 발을 동동 구르면서 애가 탔을 텐데 그 자매에게 필요한 금액을 딱 맞출 수 있게 되었으니, 정말 주님은 완벽한 분이시라고 혼자 감탄을 했다.

'이건 하나님이 그 자매를 도우라는 뜻으로 주신 거야. 혹시 이 자매가 내게 거짓말을 한 것이라고 해도 나보다 가난한 사람이니 어떻게든 돈 쓸 일이 필요하겠지.'

나는 이튿날 은행 앞에서 그 자매를 만난 뒤 두 말도 않고 돈을 건넸다. 그는 나를 끌어안고 한참을 울더니, "사모님이 우리 딸을 살렸다"면서 연신 고맙다는 말을 되풀이했다.

그런데 내게 100만 원을 받아간 뒤부터 그 자매가 나를 슬슬 피하는 게 아닌가! 내가 돈을 갚으라고 독촉하는 것도 아니고, 그저 딸이 어떻게 되었는지 궁금해 말이라도 붙이려 하면, "급한 일이 있다"면서 자리를 피했다. 나는 속으로 '혹시 정말 나에게 거짓말을 한 것일까' 하고 생각했지만, 기도로써 받은 돈이니 미련을 두지 않기로 했다.

한데 10여 년이 훌쩍 지난 어느 가을 저녁, 집에서 식사를 하고 있는데 학교 여직원이 "어떤 분이 사모님을 찾아왔다"면서 전화를 걸

어왔다. 누구냐고 물으니 "은혜 입은 사람이라고 전해달라"고 말하는 것이다. 옷을 챙겨 입고 사무실에 갔더니 나이 드신 아주머니가 달려와 나를 껴안고 눈물을 흘리기 시작했다. 10년이 넘었지만 나는 그 아주머니가 내게 100만 원을 빌려간 사람이라는 걸 알 수 있었다.

"사모님, 제가 그때 100만 원을 빌려갔는데 형편이 안 되어 못 갚았어요. 그때 돈을 빌려주신 덕분에 딸을 찾아올 수 있었어요. 딸아이는 지금 결혼해서 잘 살고 있지만 저는 사모님께 빌린 돈이 늘 마음에 걸렸어요. 그래서 이번에 병원 퇴직금을 받아서 그 돈을 갚으려고 이렇게 달려왔습니다."

아주머니는 150만 원을 주면서 50만 원은 이자라고 했다. 그 돈을 받으면서 나 역시 아주머니를 껴안고 눈물을 흘렸다. 10년도 지난 일인데 그동안 빌린 돈 때문에 마음고생 했을 아주머니가 안쓰러웠고, 뒤늦게라도 돈을 들고 온 그 마음이 고마웠기 때문이다. 나는 돈을 받고 싶지 않았지만, 아주머니의 권유에 100만 원만 받기로 했다. 이제야 빚을 갚은 아주머니는 홀가분한 표정으로 말했다.

"사모님이 저를 미워하면 어쩌나 걱정했는데 이렇게 맞아주셔서 감사합니다. 사모님을 보면 '예수님이 이 땅에 계신다면 저런 모습이겠구나' 하는 생각이 들어요. 저도 이제부터 교회에 나갈 거예요. 돈을 갚고 나니 마음이 너무 후련하네요."

나는 아주머니와 손을 잡고 그동안 살아온 애기를 나눴다. 1시간이 넘게 대화를 나누고 돌아가면서 "꼭 다시 찾아뵙겠다"고 말하는 아주머니의 뒷모습을 나는 지금도 잊을 수가 없다.

"죄송하지만 저, 돈 없습니다"

물론 좋은 기억만 있었던 건 아니다. 자신의 선의를 빌미 삼아 터무니없는 이유로 돈을 빌려달라고 하는 경우도 있었다. 한 번은 조카 친구가 집안 형편이 어려워 공부를 하기 어렵다는 얘기를 듣고 50만 원을 준 일이 있었다. 그때 이후로 그 일을 까맣게 잊고 있었는데 어느 날 조카 친구의 어머니가 학교로 나를 찾아왔다.

그는 "사모님의 도움 덕분에 아이가 학업을 무사히 마칠 수 있었다"면서 감사의 뜻으로 10만 원을 헌금하겠다고 했다. 나는 도움 받은 일을 잊지 않고 찾아준 것에 감사하며 그 돈을 받았다. 그런데 조금 뒤 아주머니가 내 눈치를 살피더니 조심스럽게 말을 꺼내는 것이다.

"저, 사모님. 실은 제 아들이 노래방을 하려고 하는데 돈이 있으면 좀 보태주세요."

10만 원을 헌금하겠다고 한 뒤 돈을 빌려달라는 게 나로선 이해가 되질 않았다. 결국 그 10만 원은 또 다른 도움을 받기 위한 미끼였던 셈이다. 나는 그 아주머니에게 "죄송하지만 그만한 돈이 없다"면서 정중하게 거절했다. 처음엔 좋은 감정으로 맺은 관계도 돈이나 물질 때문에 어색해지고 관계가 끊어지는 걸 보면 참으로 마음이 아프다.

우리에게 피아노를 준 미군 대령 부부와도 그런 일이 있었다. 대령에게 피아노를 선물 받고 2년쯤 됐을 때의 일이다. 어느 날 군복 입은 남자들이 집으로 들어오더니 "대령 부인의 지시로 피아노를 가지러 왔다"고 말했다. 나는 그 당시 부인을 본 적은 있지만 서로 교제는 없는 상태였다.

"피아노를 가지고 간다고요? 아니 세상에, 막무가내로 이러는 경우가 어디에 있나요?"

나는 너무 어처구니가 없어서 말이 안 나왔지만 한국말이 능숙하지 못해 당황한 채로 그냥 멍하니 쳐다보고만 있었다. 남자들은 피아노를 들고 나와 트럭에 싣더니 피아노가 있던 자리에 작은 문갑 하나를 놓고 갔다. 부인이 피아노 대용으로 보낸 것이었다. 보통 문갑은 두 짝을 놓아야 아귀가 맞는데 한 짝만 놓고 가는 건 또 무슨 경우란 말인가.

저녁에 남편에게 그 사실을 알리자 "그걸 정말로 가져갔단 말이야"하면서 어이없어했다. 바깥일로 분주한 남편을 집안 문제로 신경 쓰게 하고 싶지 않았기에 두 말은 안 했지만, 부인의 행동에 속상한 마음이 들었다.

나중에 알게 된 사실이지만 그 부인은 세 딸의 교육에 무척 신경을 썼다고 한다. 그래서 우리 집에 그녀의 남편이 보내준 피아노가 있는 걸 보고 남편에게 돌려받자고 했는데, 거절을 못하는 그녀의 남편이 대충 얼버무린 것이다. 부인은 아마도 그걸 '뜻대로 하라'고 알아들었던 모양이다.

선물했던 사람이 마음이 변해서 돌려달라고 한다면야 할 말은 없지만, 아무리 그래도 집안 물건을 내 의향도 묻지 않고 가져가는 건 상식에 어긋나는 행동이라고 생각했다. 이듬해 대령 부부는 미국으로 이민을 가면서 그 피아노를 다른 사람에게 주고 갔다. 당시엔 피아노가 귀한 시절이었으니 한동안 그 생각이 잊혀지질 않았다.

그때 애설이가 피아노 치는 걸 좋아했기에 나는 속상한 마음을 하나님께 털어놓았다.

'주님, 애설이 연습은 이제 어떻게 하나요? 그 아이가 피아노를 배워 교회 반주를 맡아주길 바랐는데, 피아노 칠 때마다 교회에 가라고 할까요?'

다행히 그 얼마 뒤에 미국 기술자들이 귀국하면서 전자오르간을 우리에게 선물했다. 나는 피아노 대신 전자오르간을 연주하는 딸을 보면서 "주님이 또 내 기도를 들어주셨다"며 속으로 감사했다. 하지만 그 전자오르간 역시 몇 년 갖고 있다가 기독회관에서 쓰기 위해 옮겼다. 애설이는 그 이후로 교회에 가서 피아노로 연습을 했지만, 불평 한 번 하지 않고 공부했고 학생 예배 때 반주까지 맡았다. 부모가 든든한 지원을 해주지도 못했는데 미국의 음악대학에 당당하게 합격한 애설이를 보면서 자녀교육도 온전히 주님께 맡기는 것이 중요하다는 생각을 하게 되었다.

한국에서 사모로 살기

나는 아들 김요셉 목사가 담임을 맡고 있는 원천침례교회에 출석하고 있다. 원천침례교회는 주일에 총 4번의 예배가 있는데 각 시간마다 3가지 형태로 예배가 나눠진다. 나는 남편이 설교하는 오전 8시와 김요셉 목사가 설교하는 오후 4시 예배에 참석한다. 학교와 교회가 큰 구분이 없다보니 평소 만나는 성도들도 대부분 학부형이거나 교사들이다.

"사모님이 예배드리는 걸 보면 주님과 교제하고 있다는 생각이 들어요."

한 번은 어떤 성도가 내게 이렇게 말한 적이 있다. 나는 옛날 사람이라서 그런지 예배 형식에 있어선 약간 보수적인 편에 속한다. 물론 하나님을 만나는 방식이 저마다 다르고, 모든 예배마다 은혜가 넘치지만 나로선 역동적이고 현대적인 스타일이 어색하고 낯설다. 요즘 젊은이들은 예배에 현대적인 음악을 많이 적용하지만, 나로선 5절까지 꽉 찬 옛날 찬송가를 부르면서 은혜를 듬뿍 받는다.

'나 같은 죄인 살리신 주 은혜 놀라와

잃었던 생명 찾았고 광명을 얻었네.'

내가 가장 좋아하는 찬송 '나 같은 죄인(Amazing Grace)'을 만든 존 뉴튼 목사는 노예선의 선장으로 일하며 온갖 악행을 저지르다가 폭풍 속 죽음 앞에서 예수님을 구세주로 영접해 구원받았다. 그는 이후 노예무역을 그만두고 목사가 돼 팔십이 넘도록 주님의 일에 헌신했다. 시력과 기억력이 쇠퇴해 더 이상 강단에 설 수 없을 정도가 되자 주변에서는 설교를 그만둘 것을 권했다. 그러자 그는 "입이 있는데 말을 못한다는 건 말이 안 된다"면서 설교를 계속했고, 일생 동안 은혜를 베푼 주님을 생각하면서 찬송 'Amazing grace'를 작곡하게 되었다고 한다.

나는 비교적 평범한 삶을 살았다고 생각하지만, 뒤돌아보면 존 뉴튼 목사만큼 하나님의 임재를 느낄 때가 참으로 많았다. 그리고 매주 예배를 드리면서 그러한 주님의 은혜에 감사하고 내 사모하는 마음을 드려 주님과 교제하는 것뿐이다. 나는 하나님은 우리를 만드신 분이고, 우리의 앞길을 늘 계획해두고 계시기 때문에 매일 생활 속에서 하나님의 임재를 느껴야 한다고 생각한다. 비록 하루하루가 똑같고 반복된 생활처럼 보일지라도 낙심하지 말고 주님을 바라보는 이들이 많아졌으면 좋겠다.

예전이나 지금이나 외출할 때 대중교통을 이용하고 가까운 거리는 걸어 다니는 습관은 변하지 않았다. 나는 여전히 신용카드나 휴대폰 등 사람들이 일상적으로 사용하는 물건들을 갖고 있지 않다. 내가 이런 말을 하면 놀랍다는 반응을 보이는 이들이 많은데 나에겐 없는 쪽이 훨씬 자연스럽다. 물건을 살 땐 현금을 내고, 전화 걸 일 있으면 집 전화로 하면 된다. 남편처럼 바쁘게 외부 활동을 하는 것도 아니고 생활 반경도 크지 않으니 큰 불편을 못 느낀다.

시장이나 마트에 갈 때는 버스를 타면 사람 구경도 하고 책도 읽을 수 있으니 좋다. 그러다 날씨가 좋고 짐이 없을 때는 곧잘 걷기도 한다. 워낙 운동을 좋아해 틈틈이 수영을 하고, 한 번 걸을 때면 1시간씩 산보를 한다. 버스나 지하철을 타면 책을 읽을 때가 많다. 차안에서 책을 읽는 게 불편하다는 사람들도 있지만 나는 독서할 때 장소에 크게 구애받지 않는다.

내가 주로 읽는 책은 유명 인사들의 자서전이나 수필집이다. 최근에는 영부인이었던 로라 부시의 자서전을 읽었는데, 언론에 노출되지 않은 많은 얘기들이 담겨 있어서 많은 공감이 되었다. 낮에는 파이가게에 머물다가 학교 일을 보고 집에 오면 청소나 집안일을 한다. 며느리의 도린도린 얘기하다보면 하루해가 금방 가는 것 같다.

가끔 지하철에서 큰 소리로 "예수천국, 불신지옥"이라면서 전도하는 사람을 볼 때가 있다. 한 번은 어떤 사람이 전단지를 내밀면서 "교회 다니느냐"고 물어본 적이 있다. 아마 외국인인 내가 자기를 빤히 보고 있으니, 예수님에 대해 관심이 많을 거라고 짐작했던 모양이다.

"저도 매주 예배에 참석하고 성도들을 심방을 하기도 해요."

내가 교회에 다닌다고 하면 상대는 반색하면서 자신의 고충을 알아주리라는 기대의 눈빛을 보인다. 그러면 나는 주위 사람들이 들리지 않게 작은 목소리로 그에게 이렇게 말해준다.

"너무 소리가 큰 것 같아요. 약간만 조용하게 말씀해주시면 좋을 텐데…. 지하철은 공공장소니까요."

그러면 저쪽은 난감한 표정을 지으면서 급하게 자리를 뜬다. 뭐라고 용기의 말을 해주리라 기대했는데 내가 엉뚱한 말을 했기 때문인지 모른다. 하지만 나는 그 사람이 아무리 전도를 열심히 한다고 해도 지하철에서 큰 소리로 여러 사람을 불편하게 한다면, 오히려 역효과가 날 수 있다고 생각한다. 자기 시간을 투자해서 예수님을 증거하는 건 참 좋은 일이지만 상대방을 조금 더 배려할 순 없는 걸까? 한국 생활이 50년이 넘었지만 이런 부분은 여전히 고쳐지지 않는 것 같아 아쉽게 생각한다.

슬픔에 빠진 성도를 위로할 때

나는 여전히 교인들의 심방을 자주 가는 편이다. 심방이라고 하면 너무 거창할진 모르겠지만 그저 그 사람이 필요한 걸 선물하면서 함께 예배를 드리는 게 전부다. 어떤 때는 아픈 사람 병문안을 가기도 하고, 임종한 성도를 위로하기 위해 장례식장에 갈 때도 있다. 나이가 들어도 누군가를 위로하는 딱 부러지는 방법을 모르겠다. 슬픔을 당한 성도를 위로하기 위해 내가 쓰는 방법은 그냥 그의 말을 들어주고 함께 울어주는 것이다. 예수님도 공생애 시절 무덤 속의 나사로를 보면서 눈물을 흘리며 진심으로 마음 아파하셨다.

'여호와의 은혜의 해와 우리 하나님의 보복의 날을 선포하여 모든 슬픈자를 위로하되 무릇 시온에서 슬퍼하는 자에게 화관을 주어 그 재를 대신하여 기쁨의 기름으로 그 슬픔을 대신하여 찬송의 옷으로 그 근심을 대신하시고 그들이 의의 나무 곧 여호와께서 심으신 그 영광을 나타낼 자라 일컬음을 받게 하려 하심이라.' (이사야 61장 1절~3절)

슬픔에 빠진 성도들을 위로할 때 내가 자주 언급하는 말씀이다. 하나님은 성도의 고통과 슬픔 중에서도 주님의 계획을 이뤄 가시며 결국에는 '성도의 슬픔이 기쁨으로 변하도록 역사하신다. 우리가 설망에 빠질 때는 마치 내게 주어진 고통이 하나님의 목적인 것처럼 생각하는 경향이 있는데 결코 그렇지 않다. 하나님은 고통을 통해 축복을 주기 원하신다. 설령 당장은 이해하고 받아들이기 어려운 일이 닥친다고 해도, 주님의 구속하심을 믿고 인내한다면 반드시 평안과

의의 열매를 거둘 수 있다고 믿는다.

　몇 달 전 남편과 헤어진 자매들의 모임에 며느리와 함께 참석한 적이 있다. 그 모임은 정기적으로 이뤄지고 있었는데, 나는 얘기만 듣고 있다가 모처럼 선물을 사들고 참석할 기회가 있었다. 보통 모임을 하게 되면 성도들이 자신 있는 요리를 하나씩 만들어 가지고 와 함께 나눠먹는다. 나 역시 며느리와 반찬을 해서 모임장소로 정한 자매의 집을 방문했다.
　'내가 모임에 끼어서 자칫 분위기가 이상해지면 어쩌려나?'
　혼자서 그런 걱정을 했는데 막상 참석해보니 분위기가 화기애애했다. 주로 자신의 신앙과 관련된 얘기를 했는데 한 자매의 간증이 무척 인상 깊었다.

　"저는 젊은 시절 결혼해 아이 2명을 낳고 시집살이를 시작했습니다. 결혼하면 손에 물 한 방울 묻히지 않고 살게 해주겠다던 남편은 밖으로 돌면서 생활비를 가져다주지 않았죠. 할 수 없이 제가 어린 아이를 들쳐 업고 요쿠르트 배달을 시작했습니다. 어렵게 생활비를 충당했지만 남편은 제가 돈을 번다는 사실을 알고 오히려 돈을 요구했죠. 나중에는 남편의 외도 사실마저 알게 돼 결국 이혼을 택하게 되었습니다.
　아이는 제가 맡았지만 생계가 막막했어요. 닥치는 대로 일을 하면서 아이 둘을 키우면서 혼자서 방황도 많이 했습니다. 젊은 시절 하나님을 만난 적이 있지만 그때는 교회도 나가지 않았어요. 그러다 새 남자를 만나 재혼을 하고, 어렵사리 자리를 잡아서 애들을 대학까지 보내게 되었죠. 모든 게 순조롭다고 생각했을 때 갑작스러운 사고로 남편이 하늘나라로 갔습니다. 저는 좌절하고 절망했어요. '하나님, 도대체 왜 저에게 거듭 이런 시련을 주시나요?' 따지고 물었죠. 그때 하나님께서 저에게 이렇게 말씀하시는 거예요.

'나는 네가 모태에서부터 지금까지 단 한 번도 너를 잊은 적이 없다. 네가 곤고할 때 너에게 사람을 보냈고, 네가 위험해 처해 있을 때 너를 구했던 적이 많지 않으냐. 하지만 너는 여전히 나를 바라보지 않고 사람과 세상을 바라보고 있다. 너에게 진정한 구원을 베풀자는 오로지 나뿐이라는 걸 모르느냐?'"

그 자매는 이후로 교회에 등록해 신앙생활을 다시 시작했고, 신실한 신앙인이었던 죽은 남편이 자신을 하나님께 인도했다는 사실을 알게 됐다고 한다. 우리는 그 자매의 신앙 간증을 듣고 한마음으로 기도하면서 하나님께 모임의 축복을 간구했다. 나는 '주님, 남편 없이 사는 자매들이 신앙 안에서 굳건함을 얻어 모든 일에 곤고함이 없도록 도와주세요'라고 기도했다.

디모데전서 5장에서는 "참과부로서 외로운 자는 하나님께 소망을 두어 항상 간구와 기도를 하거니와"라고 했고 "참과부인 과부를 존대하라"고 기록돼 있다. 주님 안에서 만난 이들이 삶의 소망을 잃지 않고 기쁨으로 서로를 격려하는 모습에 어느새 내 마음도 훈훈해졌다.

사모라는 감투 대신 섬김의 기쁨을

"아니, 사모님 세계적인 목사님 사모님이 어떻게 이런 일을 하세요. 저는 높은 사모님이 이런 일하시는 거 처음 봤어요. 어머나 세상에."

어떤 성도들은 내가 교회 건물 곳곳을 청소하는 모습을 보면 깜짝 놀라면서 이렇게 말한다. 어릴 때부터 집안청소를 하는 버릇을 들였기 때문에 딱히 의식을 하진 못하지만 성도들 눈엔 그게 특별하게 보이는 모양이다. 칭찬을 듣자고 하는 일이 아닌데 성도들이 내 앞에서 너무 감탄을 하면 도리어 민망해질 때가 많다.

한 번은 교회에서 한 자매가 반갑게 인사를 해서 잠깐 얘기를 나눌 기회가 있었다. 그 자매는 자신이 수원JC클럽 회원의 아내라며, 10여 년 전 JC클럽에서 우리 교회를 빌려 노인들을 대접할 때의 일을 잊지 못한다고 말했다.

"교회 식당에서 JC클럽 부인들이 음식 준비를 하는데 사모님도 함께 계셨어요. 그때 음식 찌꺼기 때문에 하수구가 막혀 물이 내려가지 않자 몇 사람이 젓가락을 들고 낑낑댔었죠. 그런데 사모님이 맨 손으로 혼자서 음식물 찌꺼기를 전부 긁어내셨잖아요. 그 모습을 보면서 '저런 분이 다니는 교회라면 나도 다녀야겠다'는 생각을 했어요. 지금은 제가 가족과 친척들을 전도해서 모두 교회에 나가게 되었어요."

나는 기억력이 좋은 편이라서 그때의 일을 곧바로 떠올릴 수 있었다. 워낙 그렇게 청소하는 게 몸에 배어서 그런지 역시 딱히 의식하고 한 행동은 아니었다. 하지만 내 사소한 행동을 통해 그 자매와 가족들이 예수를 믿게 됐다는 말에 마음에 기쁨이 샘솟았다.

주님은 마태복음 5장 16절에서 "너희 착한 행실을 보고 하늘에 계신 너희 아버지께 영광을 돌리게 하라"고 말씀하셨다. 부족한 나를 통해 예수님이 영광을 받으신다면 삶의 보람과 기쁨이 넘치게 된다.

나를 잘 모르는 사람들은 가끔 내가 일하는 모습을 보고 교회 미화원으로 착각하기도 한다. 수원중앙기독초등학교를 개교한 지 얼마 안 됐을 때 일이다. 큰머느리와 둘이서 수영장 청소를 하고 있는데 축하화분이 많이 들어와서 수영장 안에다 화분을 옮겨놓고 정성껏 가꾸었다. 수영장 바닥을 닦고 화분을 옮기는데 어떤 자매가 며느리에게 이렇게 말하는 것이다.

"어머, 저 외국인 청소부 어디서 구했어요? 굉장히 열심히 일하네.”

그 말을 들은 며느리가 웃으면서 “저분은 제 시어머니세요”하고
대답했다. 그 자매는 민망한 얼굴로 내게 “몰라 봬서 죄송하다”며
몇 번이나 인사를 하고 돌아갔다. 학교에 외국인 선생이 많았는데
청소부도 외국인이라는 소문이 돌았던 것이다. 우리 학교와 원천침
례교회에서는 나뿐만 아니라 모든 사람들이 틈만 나면 청소를 한다.
청소를 하는 데 누구나 적극적인 분위기를 만들어가고 있기 때문이
다. 청소는 인간에게 주어진 가장 근본적인 의무이기도 하지만, 작
은 일에서도 주님의 영광을 드러낼 수 있는 좋은 기회이기도 하다.

남편에게 용돈을 타서 쓰는 나

선교 초기에 남편의 수입이라고는 미국 기독봉사회에서 보내주는
선교비에서 약간의 급여를 떼는 게 전부였다. 그러다 외국에서 오는
선교비가 점차 줄어들자 1980년대부터 비로소 교회에서 월급을 받
기 시작했다. 외국에서 오는 선교비 총액은 줄지 않았지만 한국 화
폐 가치가 높아져 원화로 환산할 때 금액이 줄어들었던 것이다.

남편은 1960년부터 수원중앙침례교회 협동 목사로 일하던 중
1966년에 담임 목사로 정식 부임했지만 사례비는 1980년부터 받기

시작했다. 남편은 극동방송 사장으로 일하고 있지만 월급을 받은 적이 없다. 또한 집회에 가서 받은 사례비도 모두 극동방송에 입금한다. 주변에서 내게 이유를 물으면 나는 "모금과 자원봉사로 운영되는 방송사 사장이니 당연한 일"이라고 말한다. 사람들이 남편에게 개인적으로 주는 선교비는 모두 비서가 관리한다. 남편은 그 돈으로 사람들을 도와주고 기념일이 되면 후원자들에게 작은 선물을 보낸다.

남편은 선교 초기에 여러 가지 일을 해도 월급은 한 곳에서만 받는다는 원칙을 세운 뒤 지금까지 지키고 있다. 그 철칙은 두 아들에게로 이어져 요셉과 요한도 교회에서만 사례비를 받는다. 집회에 참여해 받은 사례비는 모두 선교 헌금으로 쓴다. 나 역시 1979년부터 지금까지 중앙유치원 원장으로 일하면서 월급을 내가 써본 기억이 없다. 직원에게 월급 통장을 맡겨놨다가 유치원에서 돈이 필요할 때면 찾아오게 한다. 유치원이 늘 돈이 부족해 교회에서 지원을 받고 있는데 내 몫만 덜렁 챙길 수는 없는 일이다.

"여보, 나 생활비 좀 줘요."

나는 돈이 필요할 때면 남편에게 조금씩 타서 쓴다. 내가 이런 말을 하면 "에이, 설마 지금도 그렇게 하세요?"라며 믿지 않는 사람들도 있는데 사실이다. 신혼 초에는 시장 갈 때마다 5백 원, 1천 원을 받던 게 조금씩 인상돼 시장 갈 때는 5만원, 서울 갈 때는 그보다 조금 많다. 요즘은 어떤지 모르겠지만, 예전만 해도 한국 남자들은 아내에게 월급을 모두 맡기고 용돈을 타서 썼다. 하지만 우리 부부는 처음부터 지금까지 남편이 돈을 관리해왔다.

솔직히 필요할 때마다 돈을 얻어 쓰면 불편한 점이 한 두 가지가 아니다. 특히 남편이 해외에 나가면 돈이 없어서 시장에 못 갈 때도 있다.

"초등학생도 아니고, 돈을 필요할 때 조금씩 타서 쓰는 아내는 대한민국에 나뿐일 거예요. 한 번에 좀 많이 줘 봐요. 그래야 다급할 때 쓸 거 아니에요?"

내가 이렇게 항의를 하면, 남편은 시큰둥하게 대답한다.

"교회에 통장을 맡겨놨으니 꼭 필요하면 얼마씩 찾아 쓰도록 해요."

그 말을 들은 즉시 부리나케 교회 사무실로 찾아가 돈을 달라고 했더니 3만 원을 건네주었다. 나는 평생 동안 복권을 사본 적이 없는 사람이지만, 복권에 당첨된 사람의 기분이 아마 그와 비슷할 거라고 생각한다. 요즘이야 3만 원은 애들 용돈 수준이지만, 나에겐 그야말로 일확천금에 버금가는 돈이다.

한 번은 미국에서 어머니가 오셔서 직원에게 돈을 좀 더 찾아달라고 했다.

"사모님, 죄송한데 이 달엔 3번 다 찾아가셨기 때문에 더 드릴 수가 없어요."

'응? 이게 무슨 소리야?'

남편이 "돈이 필요하면 얼마씩 찾아 쓰라"고 했기에 부탁했지만, 남편은 그 직원에게 "한 달에 3번 이상은 주지 말라"고 당부했던 것이다. 남편은 매달 10만 원씩만 맡겨두었는데 나는 그동안 2만 원씩 3번, 즉 6만 원만 찾아 썼던 것이다. 여하튼 잔액이 남은 셈이니 "그래도 남은 돈을 주면 안 되겠느냐"고 했더니 그 직원은 "목사님께 혼쭐이 난다"면서 거듭 양해를 구했다.

그 사실을 알고 난 뒤부터는 매달 10만 원을 다 찾아서 썼다. 처음엔 그 정도였지만 차츰 인상을 요구해 요즘은 100만 원이 조금 넘는 돈을 받고 있다. 그 사실을 아는 교회 직원들은 그 돈으로 생활을 유지한다는 것에 놀라곤 하지만, 실은 전혀 부족하지 않다. 교인들이 이것저것 생활에 필요한 것들을 가져다주기 때문이다. 게다가 남편은 선교를 위해 한 달에 반 정도는 집을 비우니까 생활비가 그다지 많이 들지 않는다. 혹시 먹을 게 없으면 이레충 아들네 집에 가서 얻어먹어도 되니 걱정 없다.

요즘은 물질에 매인 사람들이 많아서 사모들조차 돈에 예민하게 반응할 때가 있다. 살림을 이끄는 아내로서, 목사인 남편을 뒷바라지하는 조력자로서 물질적인 어려움을 고스란히 감내하고 있으니 자연히 그럴 수밖에 없다. 하지만 나는 돈이 많지 않아도 하나님의 뜻대로 사는 데 전혀 문제가 없다고 생각한다. 꼭 필요할 때가 아니라면 돈을 쓰지 않으며, 긴급한 상황에서는 어떤 경로를 통해서든 주님이 채워주신다는 걸 믿기 때문이다.

휴대폰, 신용카드 안 써도 생활에 불편 없다

지금도 나는 남편이 통장에 돈을 넣어두면 학교 직원에게 돈을 부탁해서 찾곤 한다. 직원들이야 내가 귀찮아서 심부름시키는 줄 알겠지만 실은 은행에 가서 돈 찾는 일이 익숙하지 않기 때문이다. 남편이 돈을 적게 쓰도록 하기 위해 일부러 고안한 방법은 실제로 좋은 효과를 냈다. 심부름 시키는 게 미안해서라도 자주 찾아달라는 부탁을 못하니 자연스럽게 돈을 안 쓰게 된다.

가끔 생일이나 기념일에 지인들을 통해 현금을 선물 받는 경우도 있다. 여의도 순복음교회 조용기 목사님은 그동안 내게 옷을 해 입으라면서 서너 차례 100만 원을 주시곤 했다. 그 돈은 은행에 따로 저축했다가 꼭 필요할 때면 찾아서 쓴다. 그래서인지 내 수중에는 항상 약간의 여윳돈이 있다. 남편 또한 주변 사람들을 도와주느라 늘 돈이 부족하지만, 항상 돈을 조금씩 남겨두는 편이다. 이건 시어머니께 배운 습관이기도 한데, 미국에서 신혼살림을 할 때도 남편의 '비자금'을 여러 번 유용하게 쓴 적이 있다.

"왜 돈을 나에게 주지 않는 거예요?"

내가 이렇게 물으면, 남편은 "당신이 미국으로 도망갈까봐" 하고 우스갯소리로 답하곤 한다. 하지만 워낙 준비성이 철저한데다 내가 한국 물정을 잘 모르니 자신이 관리하는 게 훨씬 효율적이라는 게 남편의 속내일 것이다.

돈 없이 살다보니 알뜰하게 사는 방법을 저절로 배우게 된다. 결과적으로 아이들이 다 큰 뒤에도 절약하는 법이 몸에 배었으니 큰 수확이다. 한 달에 내가 쓰는 돈은 교통비, 미용실 비용, 교회 헌금이 전부다. 화장품은 대개 지인에게 선물 받은 걸 쓴다.

"사모님은 카드 안 쓰세요?"

물건을 살 때는 늘 현금만 내는 나를 보면서 이렇게 묻는 성도도 있다. 물론 나 역시 신용카드를 갖고 있긴 하지만 거의 쓸 일이 없다. 일전에 작은머느리를 데리고 미용실에 가서 함께 퍼머를 한 뒤 처음으로 신용카드를 썼다. 내친 김에 며느리에게 화장품을 하나 사주고 다시 카드로 결제를 했다. 그랬더니 다음날 은행에서 학교로 "혹시 신용카드를 분실하지 않았느냐"는 전화가 걸려왔다. 웬일인가 했더니 "그동안 한 번도 안 쓰셨는데 하루 만에 결제가 2건이 나서 혹시 분실하신 게 아닌가" 해서였다.

그 말을 남편에게 했더니 폭소가 터졌다. 휴대폰도, 신용카드도 없는 아내가 문명에서 소외된 원시인처럼 보이는지 슬쩍 기분은 상했지만, 이런 생활을 바꿀 생각은 전혀 없으니 할 말은 없다. 남편은 오히려 내가 불편할 것을 생각해 이것저것 휴대할 것을 권하기도 하지만, 휴대폰이나 신용카드가 없는 것보다 있는 게 훨씬 불편하니 어쩌랴. 예수님이 살던 시절에도 전혀 없던 때였으니, 예수님 닮길 원하는 나라고 꼭 필요할 이유는 없는 것이다.

한국의 문화를 엿보다

　남편이 세계침례교연맹 총회장에 당선된 뒤로는 각계 유명인들을 집으로 초대하는 경우가 부쩍 늘었다. 그 중 기억에 남았던 건 전직 대통령들이 우리 집을 방문했던 일이다. 전두환, 노태우, 김영삼 대통령 부부가 오셔서 식사를 했고, 이희호 여사가 별도로 찾아왔던 적도 있다. 그 외에도 내로라하는 분들이 우리 집에 무수히 다녀갔다.

　남편은 매사에 돈을 안 쓰는 구두쇠지만, 일단 집에 누군가를 초청하면 상차림에 꽤 정성을 들이는 편이다. 남편은 "우리 집에 와보길 원하는 이들이 많은데 미국 사람인 당신이 정성껏 양식을 대접하면 깊은 인상을 남길 수 있을 것"이라고 말하곤 했다. 나 역시 손님 대접하는 걸 무척 좋아하는지라 우리 집은 인계동 시절부터 손님이 늘 끊이질 않았다.

전두환 전 대통령은 우리 집에서 식사를 하면 많이 차리지 않아서 부담스럽지 않다고 좋아했다. 다른 집에 초대를 받으면 너무 과하게 차려서 다시 가기 어렵다는 것이다. 전 대통령은 남편과 다른 곳에서 식사를 한 뒤 차를 마시러 우리 집에 들르기도 한다. 그럴 때는 내가 만든 과자와 과일을 대접한다.

초대 손님들 가운데는 외국인들도 꽤 많았다. 역대 미8군 사령관들은 거의 다 다녀갔다. 사령관들을 대접할 땐 스테이크에 김치가 정석이다. 그러면 모두들 "스테이크와 김치의 조화가 훌륭하다"고 감탄하곤 한다. 평소에 내가 먹는 방식이기 때문에 미국 사람 입맛에도 맞는 검증된 식단인 셈이다. 지금은 스테이크보다 김치를 좋아하는 영락없는 한국 사람이지만, 나 역시 김치가 세계 어떤 음식과도 잘 어울릴 수 있다고 생각한다.

보통 집에 손님을 초대하면 그 사람의 됨됨이나 문화적 수준을 대략 엿볼 수 있다. 특히 식탁 위의 대화는 그 사람의 내면 깊숙한 생각을 들여다볼 수 있는 절호의 기회다. 내가 그동안 한국의 유명인들을 대접하면서 느낀 것 중 하나는 "한국 남자들은 권위적"이라는 것이다. 이건 물론 내 남편도 예외일 수 없다. 당사자들이 들으면 서운할지 모르지만 나는 한국 남자들이 옆에 있는 아내에게 친절을 베푸는 걸 거의 본 적이 없다. 아마 여러 사람이 있는 자리에서 아내를 배려하는 건 남자의 체면을 구기는 일이라고 생각하는 것 같다.

우리 집을 방문한 여자 손님들은 대개 얌전하다. 말은 거의 하지 않고 조용하게 밥만 먹는다. 어떤 대통령의 부인은 식사가 끝난 뒤에 혼자 멀찌감치 떨어져 창밖만 바라보는 경우도 있다. 나는 그 부인의 뒷모습을 보면서 여자에게 발언권이 없는 한국의 가부장제가 꼭 좋은 것만은 아니란 생각에 씁쓸했다.

꽤 오래 전에 우리 집을 방문한 어떤 유명 정치인의 아내는 한마디로 안하무인이었다. 그날 참석한 여자 분들이 대부분 주방에서 함께 음식을 만들고, 식탁으로 음식을 나를 때 그 여자는 혼자 고고한 표정으로 허리를 세우고 앉아 남자들의 말만 경청하고 있었다. 아마 그것이 정치인 부인으로서의 체면과 권위라고 생각한 모양이지만, 같은 여자 입장에서 보기에 이는 결코 아름다운 모습이 아니다.

지난 2008년 안타깝게 돌아가신 한양대학교 김연준 이사장은 남편과 각별한 사이였다. 생전 그는 남편과 함께 미국 나들이도 자주 했었다. 두 사람은 한국에 대한 좋은 여론을 만들기 위해 미국 주요 인사들에게 한양대 명예박사 학위를 여러 번 수여했다. 주한 미군 철수 움직임이 있었을 때 미국 조지아 주 땅콩밭으로 찾아가 지미 카터의 어머니 릴리언 여사에게 명예 간호학 박사학위를 수여하기도 했다.

미국에서 손님이 오면 김연준 이사장은 자신의 소유인 프레지던트호텔을 저렴한 가격에 이용할 수 있게 해주었다. 94세의 나이에 지

병으로 안타깝게 별세했지만, 김 이사장은 남편의 선교 활동에 물심양면으로 많은 도움을 주었던 분이다.

김연준 이사장은 남편의 권유로 1973년부터 1992년까지 매주 우리 교회에 와서 예배를 드렸다. 예배가 끝나면 김 이사장과 함께 오신 분들을 우리 집으로 초대해 식사를 대접했다. 김연준 이사장은 내가 집에서 많은 사람을 접대한다는 사실을 알고 감사하게도 부식을 준비하는 데 보태라며 매달 50만 원씩 주시기도 했다.

1992년부터 몸이 불편해 못 오게 되자 남편은 나에게 "이젠 집에서 점심을 준비하지 않아도 된다"고 말했다. 30년간 매주 공식적으로 손님을 치른 나도 그제야 비로소 은퇴 아닌 은퇴를 하게 된 것이다. 요즘은 주일날 손님이 오면 주로 교회 식당에서 대접하는 편이다. 예전보다 많진 않지만 집에서 손님 접대하는 일은 지금까지도 이어지고 있다.

위기를 신앙으로 극복한 미국

나에게 2001년 9월 11일은 평생에 잊을 수 없는 날로 기록될 것 같다. 아마 나뿐만 아니라 모든 미국인이 그날 뉴욕에서 테러가 일어났던 9.11사건을 평생 동안 기억할 것이다. 그때 나는 마침 미국에 머물고 있었기에 그 충격이 훨씬 직접적으로 다가왔다. 당시 미네소타이다이나에 있는 애설이 집에서 열흘을 보낸 뒤 안식년을 맞아 노스 캐롤라이나 주 랄리에 있던 큰아들 요셉의 집에 머물고 있었다.

사건이 나던 시각 친구들과 함께 있었던 나는 커피를 마시다가 테러 소식을 접하고 너무나 놀라 TV 앞에서 그대로 넋이 나간 상태였다. 아들이 뉴욕에 산다는 한 친구는 겁이 나서 눈물을 흘렸다. 친구들은 모두들 그 시각으로 황급히 집으로 뿔뿔이 흩어졌고 나 역시 집에서 가족들과 TV를 보면서 사태를 주시하고 있었다.

불행 중 다행으로 미국은 며칠 만에 평온을 되찾았다. 오히려 이를 계기로 미약해진 미국인들의 신앙심이 다시금 불타오르는 것을 느꼈다. 그때 각 지역의 동네는 기도하려는 이들로 때 아닌 북새통을 이뤘다. 교회를 떠났던 이들이 하나둘씩 돌아오고 각 교회에서는 매일 저녁 기도회가 열렸다. 부시 대통령은 TV를 통해 전 국민에게 함께 기도할 것을 권유했다. 나는 테러 사건을 계기로 미국 전체가 하나님께 돌아오고 있다는 확신이 들었다.

당시 우리 손자 손녀는 집 근처에 있는 랄리 제일장로교회에 출석하고 있었는데, 테러 이전에 예배라곤 주일 낮에 한 번 열렸고 기도 모임은 아예 없었다. 하지만 테러가 일어난 바로 다음날 오후 4시에 교인들이 교회로 몰려와 뜨겁게 기도했다.

구약성경 시편 107편에는 "그들이 그 환난 중에 여호와께 부르짖

으매”란 말이 거듭 반복해서 나온다. 하나님을 잊은 이스라엘 백성들이 환난을 당하고서 부르짖을 때 하나님이 친히 그들을 구원해주신다는 내용이다.

또 예레미야 33장에는 “그의 이름을 여호와라 하는 이가 이같이 이르시도다. 너는 내게 부르짖으라 내가 네게 응답하겠고 네가 알지 못하는 크고 비밀한 일을 네게 보이리라”라고 말씀했다.

내가 미국에 있는 보름 동안 야구와 미식축구 시합은 모두 취소되고 대부분의 술집과 식당도 문을 닫았다. 북적이는 곳은 오로지 교회뿐이었다. 하나님께서 간절히 부르짖는 미국인들의 기도를 들어주셨기에 미국이 그처럼 빨리 회복된 것이 아닐까.

미국이 혼란에 빠져 있을 때 대통령 부인인 로라 부시 여사의 연설은 미국인들에게 큰 힘이 되었다. 초등학교 교사 출신인 로라 부시 여사는 각 학교에 ‘학부모에게 보내는 메시지’를 띄웠다. 정부가 자녀들을 안전하게 보호할 것을 공언한 내용이었다. 로라 부시 여사는 학부모들에게 “자녀들을 위해 좋은 책을 읽어주고 아이들이 두려움을 갖지 않게 하라”고 당부했다. 그 당시 로라 부시 여사의 말에 많은 사람이 감명을 받았고, 로라 부시 여사는 이 일로 인해 국민들에게 좋은 평판을 얻게 되었다.

당시 9.11 테러를 신앙의 문제와 연결시킨 이는 비단 나뿐만이 아니었다. 빌리 그레이엄 목사의 딸인 앤 그레이엄은 토요일에 방송되는 CNN 래리 킹 라이브에 출연해 "미국은 이제 하나님께 돌아와야 한다"고 역설했다.

"우리가 하나님을 등지고 하나님을 학교에서 내쫓았기 때문에 이런 일이 일어났습니다. 저는 미국이 신앙을 지키지 않아서 테러가 일어났다고 생각합니다. 이 일을 계기로 신앙을 회복해야 나라가 안정되고 번영할 수 있습니다."

나는 앤 그레이엄의 말에 깊이 공감했다. 나는 비록 결혼 이후 줄곧 한국에 있었지만 매년 정기적으로 미국을 방문하면서 미국인들이 신앙에서 점점 더 멀어지고 있다고 생각했다. 물질적 풍요와 과학문명의 발달로 하나님을 뒤로 제쳐둔 것이다. 하지만 우리는 모든 만물을 주관하시는 하나님의 도움 없이는 단 한 순간도 살 수 없는 존재다. 9.11테러는 모든 것을 할 수 있을 것처럼 여겼던 인간이 얼마나 연약한 존재인지 새삼 일깨워준 사건이었다.

2010년에도 한국에는 충격적인 일이 여러 번 있었다. 노무현 전 대통령의 자살과 김대중 전 대통령의 서거, 그리고 연예인들의 잇따른 자살 사건이 바로 그것이다. 가난과 역경을 딛고 올림픽과 월드컵을 개최한 한국은 경제 강국으로 거듭나는 과정에서 수많은 교회들이 생겨났다. 눈에 띄게 늘어난 기독교인들은 사회 곳곳에서 영향력을 발휘하며 대한민국이 성장하는 원동력이 된 것이다.

내가 처음 한국에 왔을 때는 교회 다니는 사람을 만나기 힘들었다. 수원에는 교회가 불과 서너 곳이었는데 이제는 사방 어디를 둘러봐도 십자가가 빛난다. 한국에 기독교인이 늘어나고 교회의 영향력이 커진 건 축하할 일이지만, 지나친 외적 성장에 영적으로 방심하고 있었던 건 아닐까.

TV에서 연예인들이 자살했다는 소식을 들었을 때마다 나는 속으로 하나님께 간절히 기도했다. '주님, 젊은 연예인이 여러 가지 심적 위기로 자살을 택하고 있습니다. 저들의 영혼이 병들지 않도록 지켜주시고, 주님을 믿는 기독연예인들이 자살하지 않도록 도와주세요.'

안타깝게도 자살한 연예인들 중에는 평소 자신이 크리스천임을 고백했던 연예인들도 포함돼 있다. 그들은 어쩌다 자살을 택하게 되었을까. 교회나 주변의 신앙인들을 통해 도움 받을 생각을 왜 하지 못했을까. 자살은 유명한 사람만 하는 게 아니다. 한국이 OECD 국가 중 자살률이 제일 높다는 사실만 봐도 우리사회가 영적으로 심각하다는 걸 알 수 있다.

나는 아무리 힘든 상황이라도 신앙인이라면 결코 죽음을 선택해선 안 된다고 생각한다. 생명을 주신 분은 하나님이기 때문에 이를 거둬갈 권리도 하나님에게 있다. 사람은 자신의 목숨을 스스로 좌우할 수 있다고 생각하지만, 주님께서 우리를 이 땅에 보내신 이유는 세상의 빛과 소금의 역할을 하길 원하셨기 때문이다. 비록 자살을 결심한 그 순간은 감정과 슬픔에 휩싸여 목숨을 끊고 싶은 마음이 들겠지만, 한 번만 돌이켜 생각해보면 스스로 제 목숨을 끊고 싶은 사람이 어디 있겠는가?

만약 자살할 만큼 심각한 개인적 위기에 처해 있다면, 교회에 적극 도움을 요청할 것을 권한다. 영혼의 생사가 달린 문제는 오로지 교회만이 해결할 수 있다. 세상의 그 어떤 제도라도 성도들의 끊임없는 기도와 신앙의 협력보다 훌륭할 수는 없기 때문이다. 성경에는 질병의 치유와 관련해 다음과 같이 기록해두고 있다

"너희 중에 병든 자가 있느냐. 저는 교회의 장로들을 청할 것이요 그들은 주의 이름으로 기름을 바르며 위하여 기도할지니라. 믿음의 기도는 병든 자를 구원하리니 주께서 저를 일으키시리라. 혹시 죄를 범하였을지라도 사하심을 얻으리라. 이러므로 너희 죄를 서로 고하며 병 낫기를 위하여 서로 기도하라. 의인의 간구는 역사하는 힘이 많으니라"(야고보서 5:14-16).

혹시 주변에 우울증이나 마음의 고통으로 괴로워하는 성도가 있다면 먼저 찾아가서 위로해주고 기도해주자. 우리의 작은 수고가 그들의 생명을 건지는 귀중한 사역이 될 수도 있다.

내가 간증하는 이유

간혹 내게 간증을 해달라는 요청이 종종 온다. 나는 그동안 이런 저런 이유로 간증 요청에 응하지 않다가 1999년 6월부터 간증을 하기 시작했다. 대전 지역 목사 사모들 400명을 대상으로 간증한 게 그 최초였다. 내가 간증을 하겠다고 하자 남편은 "한 번 시작하면 끝이 없으니 적당히 하라"고 말했다.

2000년 5월에는 작은아들인 요한 목사가 시무하는 대전 함께하는 교회에서도 간증을 했다. 내가 한마디 할 때마다 사람들이 폭소를 터뜨렸다. 나는 수원에서 오래 살아서 시골 말투를 곧잘 흉내를 낸다. 보통 외국 선교사가 한국에서 간증을 하면 통역을 쓰기 마련인데 나는 통역 없이 강단에서 한국말로 간증을 한다. 간증이라고 해서 특별한 얘기를 하는 건 아니다. 내가 그동안 한국에서 살아온 얘기들을 차분하게 들려주면 사람들은 귀를 기울이곤 한다.

"사모님 한국말을 어쩜 그렇게 요령 있게 하세요? '멀거니' 라는 표현은 어디서 배우셨어요?"

누군가는 내가 조곤조곤 말하는 모습을 보고 이렇게 물을 때도 있다. 내가 "조카인 기설이한테 배웠다"고 하면 또 다시 폭소를 터뜨리곤 한다. 하지만 나는 조카 덕분에 한국말을 많이 배운 게 사실이다.

한국에 온 지 2달 정도 지났을 때 나는 가족과 함께 어울리기 위해 말을 배워야 한다는 의지가 무척 강했다. 그때 한국어 실험 대상으로 두 돌이 막 지난 조카 기설이의 도움을 받았던 것이다.

"휴지 가져와. 문 닫아. 물 좀 가져와."

내가 한국어로 말하면 기설이는 영문을 모른 채 이리 왔다 저리 갔다 문을 열었다 닫았다 했다. 내가 말할 때마다 기설이가 똑같이 행동하는 걸 보고 신기해서 혼자 박수를 치며 웃곤 했다. 지금 쉰을 넘긴 기설이는 아마 아기 시절의 일을 기억 못할 테지만, 나는 기설이를 통해 한국어 실력을 조금씩 늘릴 수 있었다.

물론 내가 늘 한국어를 잘 했던 건 아니다. 한국어는 대개 용법이 까다롭지만 그 중에서도 "저기"란 말은 헷갈리기 일쑤였다. 예를 들면 "저기, 제가 말이죠"할 때 '저기'는 일종의 수식이다. 하지만 "저기 있는 물건 좀 집어주세요"하면 대상을 가리키는 뜻으로 올바로 쓰인 경우다. 제일 헷갈렸던 건 "저~기"라고 길게 발음할 때다. 그때 "저기"란 어떤 지방을 뜻하기도 하고 먼 곳 어딘가를 가리키는 등 그 뜻이 너무 모호해지고 만다.

요즘은 한국말로 농담을 할 정도로 여유가 생겼다. 예전에 요셉은 첫 아이를 낳았을 때 이름을 짓느라 6개월을 고민하고 기도했다. 마침내 요셉이 아이 이름을 '순종'이라고 정했을 때 나는 곧바로 반박했다.

"아니, 안 돼. 걔가 어떻게 순종이냐 잡종이지."

혼혈아기 때문에 순종이 아니라고 한 내 농담에 모두들 박장대소했다. 한국말엔 동음이의어가 많기에 이런 농담이 종종 큰 웃음을 주곤 한다.

가끔은 존칭 어법을 실수할 때도 있었다. 나는 기설이와 종종 반말로 대화하곤 했는데, 그러다보니 손윗사람들에게도 나도 모르게 반말이 나왔다. 맏동서가 내게 무슨 말을 했을 때 "그래"라고 대답하는 바람에 온 가족이 배꼽 잡고 웃은 적도 있다. 그때 실수를 만회하기 위해 존댓말을 열심히 배웠더니 한참 어린 사람을 만나도 존댓말하는 버릇이 생겼다. 하지만 손아랫사람에게 존칭을 쓰면 예의를 갖춘 어른대접을 받으니 싫지만도 않을 것이다.

"저는 남편을 따라 무작정 한국에 왔지만 거기에도 하나님의 오묘한 뜻이 있었다고 생각합니다. 낯선 나라에 낯선 환경에서 살았기 때문에 미국에서보다 더 많은 사람을 품을 수 있었던 건 아닐까요? 우리가 이담에 천국에 가면 한국 사람들끼리만 모일 수 없다고 생각해요. 천국엔 미국 사람도, 일본 사람도, 영국 사람도 있을 거예요. 그렇기 때문에 우리는 언제 어느 곳에 가더라도 그 환경과 조건에 맞춰서 생활할 수 있어야 합니다."

나는 간증을 하면 "Bloom where you are planted"란 말을 빼놓지 않는다. 사람은 뿌리 내린 곳에서 활짝 꽃필 수 있다는 뜻이다. 하나님에게 은혜를 받은 사람이라면, 추수할 일꾼으로서 어디로 보냄을 받든지 곡식을 거둬야 한다. 우리가 이렇게 할 수 있는 이유는 예수님을 통해 영생을 보장받은 존재이기 때문이 아닐까.

"내가 또 주의 목소리를 들으니 주께서 이르시되 내가 누구를 보내며 누가 우리를 위하여 갈꼬 하시니 그 때에 내가 이르되 내가 여기 있나이다. 나를 보내소서 하였더니."(이사야6:8)

진짜 자기 자신을 감추는 한국 부인들

앞에서도 말했지만 어느 미군기지에 근무하는 한국 장교들 부인에게 영어를 가르칠 때의 일이다. 당시에 난 한국에 온지 얼마 안 됐기 때문에 새로운 사람을 만날 수 있다는 기대감에 부풀었다. 그때까지만 해도 한국 부인들의 사교문화에 대해 잘 몰랐기 때문에 이를 배울 수 있는 좋은 기회라는 생각도 들었다.

하지만 그건 내 순진한 생각이었다. 수업 준비를 열심히 하고 부인들을 만나러 간 첫날, 내 기대감은 여지없이 무너지고 말았다.

"어머, 이 옷은 어디 브랜드죠? 처음 보는 건데…그 댁 남편 진급했어요?"

"우리 아이는 이번에 전교에서 5등을 했다고 하는데, 과외 좀 더 시킬 걸 그랬어요."

다는 아니겠지만 부인들은 만나기만 하면 옷이나 보석, 가구 얘기, 그것도 아니면 아이들 얘기로 쉴 틈이 없었다. 영어를 배우러 모인 건지, 이를 핑계로 수다를 떨 기회를 만든 건지 분간이 안 될 정도였다. 누군가 "사모님의 관심사는 무엇이냐"고 물었을 때 나는 그저 어리벙벙한 얼굴을 할 수밖에 없었다. "저는 글쎄요, 아무래도 한국에 온 지 얼마 안 돼서…"

얼마 후 어느 시의 공무원 부인들에게 영어를 가르쳤을 때도 똑같은 기현상(?)이 벌어졌다. 마치 한국의 모든 부인들이 합의한 것처럼 옷과 보석에 대한 개인사들에 관심이 많았다. 내로라하는 재벌 부인들에게 영어를 가르친 적도 있었는데 그때도 마찬가지였다. 일주일에 한 번씩 만나 영어를 가르쳤는데, 만나기만 하면 서로 그 날의 패션 품평회를 하느라 분주했다.

일 년 동안 그들을 지켜보면서 내가 느낀 건 자신들의 일이나 취미를 얘기하는 경우가 거의 없다는 점이다. 대단한 남편을 둔 아내들은 한결같이 '나'가 아닌 '나를 치장하는 것'과 '내 아이들'에 관해 얘기하는 성향이 짙었다. 나는 그 모습을 보면서 한국 여성들이 하루빨리 자기 자신을 되찾아야 한다는 생각을 했다. 다행히 요즘은 여성의 사회진출이 예전보다 활발한 편이지만, 아직도 50대 이상 여성들 중에 자기 일을 갖는 경우는 드물다.

'주님, 어째서 한국 여성들은 모두 진짜 자기 자신에 대해선 감추려고만 하는 걸까요?'

오랫동안 한국 여성들을 유심히 지켜봐온 결과, 이는 한국 특유의 가부장제 문화 때문이라는 생각이 들었다. 한국 남자들은 아직도 여자에게 의자를 빼주는 걸 쑥스럽게 생각한다. 특히 남편과 비슷한 연배의 사람들은 그 일을 매우 어색하게 여긴다. 다행히 남편이 나에게 의자를 빼주는 모습을 자주 봐서인지 우리 부부와 교류하는 남자들은 아내 의자 정도는 빼줄 정도의 매너가 생겼지만….

남편은 부부 동반 모임이 있으면 부부끼리 앉지 말고 자리를 바꿔 앉자고 제안하곤 한다. 그렇게 하면 사람들과 좀 더 빨리 친해질 수 있기 때문이다.

처음 만난 사람과 테이블에서 대화하려면 어떻게 해야 할까? 나 역시 그동안 여러 사람을 만나왔지만 공통의 화제를 찾는 것보다 좋은 방법은 없는 것 같다. 하지만 역시나 사회적인 체면 때문에 그런지 대화를 거부하는 표정으로 앉아 있는 사람들도 많다. 그런가 하면 "나이가 몇이냐"부터 시작해서 개인적인 사생활을 시시콜콜 묻는 사람도 있다. 상대방 옷이 마음에 든다면서 가격이 얼마냐고 노골적으로 묻는 이도 있다. 물론 이 또한 공통의 화제를 찾아가기 위한 요령이겠지만 식사 자리에선 가급적 기분 좋은 얘기나 가벼운 얘기로 이끌어가는 게 좋다.

일전에 만났던 한 유명 인사의 부인은 여럿이 식사하는 자리에서 계속 자신이 해외에 여행 다녀온 얘기로 일관했다. 그의 남편이 바쁜 일이 있다며 먼저 일어나자, 그녀는 기다렸다는 듯 핸드백에 있는 사진을 꺼내 여행 다녀온 얘기에 흥을 붙이기 시작했다. 그 자리에 외국인도 있었는데 그들이 이상한 표정을 지어 보여 나 역시 보기 민망했다.

남편이 높은 위치에 있는 부인이라면 최대한 겸손한 태도를 보이는 게 좋다고 생각한다. 아내가 남편과 덩달아 목에 힘을 주면 사람들의 손가락질을 받고 남편에게도 마이너스가 된다. 남편과 아내는 서로의 거울이기 때문에 상대를 통해 남들이 자신들을 어떻게 바라볼지 판단할 수 있어야 할 텐데….

'코리언 타임'이라고 해서 약속시간에 늦는 걸 자연스럽게 여기는 이들도 있다. 늦게 오면서 연락도 하지 않고 무작정 기다리게 만든다. 한국은 이제 G-20을 성공적으로 개최해 선진국 반열에 오른 만큼 그에 걸맞는 국민의식을 갖추는 것이 무엇보다 중요하다. 물론 예의와 매너가 뛰어난 한국인들이 더 많은 게 사실이지만 한국을 사랑하는 나로선 단점을 고쳐서 장점이 더 많아지길 바라는 마음이다.

나는 한 남편의 아내이자 교회의 사모로서 한국 할머니들의 지혜를 존경한다. 한국에서 사모로 살기 위해선 한국 특유의 정서와 관습을 잘 알고 있어야 하는데, 나는 시어머니와 동네 할머니들에게 이런 지혜를 배웠다.

지금도 잊을 수 없는 건 83세 되는 할머니가 며느리에게 해줬던 이야기다. 당시 50대 중반이었던 며느리는 남편을 잃고 자녀를 셋이나 기르면서 혼자 살고 있었다.

"이젠 너도 좋은 사람 만나야지."

그 할머니는 며느리에게 거듭 재가를 권하고 있었다. 며느리는 시어머니 앞이라서인지 선뜻 대답을 못하고 말없이 웃고만 있었다. 그러자 할머니는 잠시 생각하더니 지난 밤 꿈 얘기를 꺼내기 시작했다.

"꿈에서 애비가 다른 여자랑 다니는 걸 너 댓 번이나 봤다. 글쎄 그때마다 다른 여자였어. 에미야, 애비는 다른 여자랑 저 세상에서 즐겁게 사는데 너도 다른 남자 만나야지. 너만 손해 볼 수 없잖아."

아직 남편을 잃은 슬픔이 채 가시지 않은 며느리는 눈에 눈물이 맺히면서도 웃으면서 이렇게 대답했다.

"네, 어머니. 저도 만날게요. 다섯 명 만날 거예요."

나는 그 대화를 들으면서 한국에는 고부갈등과 달리 며느리와 시어머니 사이에 보이지 않는 돈독한 신의 같은 게 있다는 확신을 했다. 거기서 샘솟는 지혜는 학교나 직장에서 배울 수 없는, 오로지 한국의 가족문화에서만 배울 수 있는 것이 틀림없다. 나 역시 이런 지혜를 활용해 젊은 사모들이나 교회의 성도들을 만날 때 권면하려고 노력하고 있다.

제5장
엄마
트루디

남편을 닮은 요셉

　남편과 아들들을 잘 아는 분들은 삼부자의 스타일이 저마다 다 다르다고 말한다. 요셉을 머리, 요한을 가슴에 비유하면서 요셉은 지성인 이미지, 요한은 감성적인 이미지로 설명한다. 남편을 보면 배가 떠오른다고 하는데 아마 주변 사람들의 부족한 면을 보살펴주고 직장도 잘 구해주는 면 때문에 그런 얘기가 나온 것 같다.

　세 아이는 자랄 때 서로 특성이 달랐다. 큰아들인 요셉은 무척 영특해 어릴 때부터 공부를 아주 잘했다. 수원 유신고등학교 입학시험에서 2,100명 중 2등으로 합격할 정도였다. 3학년 때도 전교에서 2등을 해 남편이 선생님들께 저녁 식사를 따로 대접하기도 했다.

　요셉이 유신고등학교에 다닐 때 한 선생님이 "교사들은 요셉이 자기 반이 되길 꺼린다"고 말했던 적이 있다. 요셉이 영어 시간에 잘난 척을 해서 다른 아이들 기가 죽을까봐 염려된다는 것이다.

　'요셉이 정말 그런가?'

　나 역시 궁금해 어느 날엔가 요셉을 불러 물었더니, 선생님들이 질문하면 일부러 대답을 안 하고 가만히 있다가 말하는 학생이 없으면 슬그머니 손을 든다고 말했다. 나는 늘 요셉이 공부를 잘하는 것보다 지혜로운 아이가 되길 기도했고, 다행히 그렇게 자라준 것 같아

무척 고맙다.

혼혈아 아이들, 더욱 당당하게 키워라

최근 뉴스를 보면 다문화 가족이 100만 명이 넘었다고 한다. 요즘은 국적이나 피부색만 갖고 외국인을 차별하는 일이 덜하지만, 예전만 해도 '혼혈아'에 대한 사회적 편견이 무척 심했다. 아이들을 키우면서 다른 한국 아이들처럼 당당하게 행동하라고 가르쳤지만, 아이들 나름대로는 알게 모르게 마음고생 한 적이 많았을 것이다.

내가 남편과 결혼한다고 했을 때 가장 반대를 많이 했던 사람은 우리 어머니였다. 어머니가 가장 우려했던 점은 내가 한국에서 혼혈아를 낳아 잘 키울 수 있느냐 하는 것이었다. 혼혈아를 배척하는 당시의 사회적 분위기를 감안했을 때 우리 부부는 비교적 잘 해왔다고 생각하지만, 현장에서 투쟁하는(?) 아이들 입장은 결코 호락호락하지만은 않았다.

요셉의 경우엔 늘 외국인 엄마에 대해 이중직인 생각을 갖고 있었다. 집에서는 나를 다정한 어머니로서 믿고 따랐지만, 한편으로는 미국인과 한국인의 외모를 조금씩 닮은 자신의 정체성에 대해 고민했던 것이다.

요셉이 다 큰 다음에 말한 것이지만, 내 손을 잡고 걸어갈 때 사람들이 쳐다보면 손을 놓고 싶은 적도 많았다고 한다. 학교에 데려다 준다고 하면 좋다고 펄쩍 뛸 나이에도 차마 거절을 못해 억지로 엄마와 함께 갔었다는 말도 했다. '엄마가 미국 사람이 아니라면 내가 덜 힘들었을 텐데' 하는 생각에 어린 마음에 애를 태웠던 것이다. 한 번은 방송에 출연한 아들이 "어릴 때는 뾰족한 코가 싫어서 납작하게 만들려고 방바닥에 코를 대고 잔 적도 있다"고 말해 사람들이 눈시울을 적시기도 했다.

그런 아이들의 마음까지는 헤아리지 못했으니 한편으로 난 꽤나 무심한 엄마였다. 나는 단지 다른 엄마들처럼 아들을 대해주는 것에만 신경 썼을 뿐 요셉의 깊은 고민까진 알지 못했었다. 무엇보다 요셉이 집에 오면 늘 명랑하고 말 잘 듣는 아이였기 때문에 큰 걱정을 하지 않았던 것 같다. 하지만 나는 요셉이 잠들고 난 뒤에는 항상 아들의 침대 앞에 무릎을 꿇고 '한국에서 훌륭한 인물로 성장할 수 있도록 지켜주세요' 라고 주님께 기도했다.

요셉은 어릴 때 함께 살던 선교사의 자녀들이 서울의 외국인 학교에 다니자 자신도 그 학교에 가길 원했다. 하지만 남편은 목사 자녀가 교인들의 자녀와 함께 공립학교에 다녀야 한다는 생각이 확고했다. 목사의 자녀가 비싼 돈을 들이면서까지 외국인 학교에서 특권을 누린다는 건 용납할 수 없었기 때문이다. 그렇다고 요셉을 미국 외가에 보낼 생각도 하지 않았다.

"학교에서 아이들 놀림이 심한가 봐요."

요셉이 반 친구들에게 시달리고 씩씩거리며 돌아온 날, 남편에게 그 사실을 일러주었다.

"요셉은 엄연한 한국인이요. 그러니 한국 공립학교에서 교육받는 게 당연해요. 처음엔 좀 힘들겠지만, 나는 요셉이 잘 적응할 수 있을 거라고 믿어요."

남편은 요셉이 처한 상황을 이해했지만 곧 이겨낼 수 있을 거라고 생각하는 모양이었다. 그러나 요셉은 "왜 나만 수원에서 학교를 다녀야 하느냐"며 투정을 그치지 않았다. 나는 남편의 확고한 뜻을 확인한 뒤로는 요셉이 잘 알아듣도록 타일렀다.

"너는 한국 사람이야. 그러니 한국 학교에 다녀야 해. 예수님도 사람들에게 놀림을 많이 받았단다. 그리고 엄마도 한국에 와서 놀림을 받았어. 하지만 네가 하나님한테 기도하면 분명 친구들의 그런 마음도 돌려놔주실 거야."

그렇게 겨우 타일러놨지만 큰일은 바로 며칠 뒤에 터졌다. 요셉의 도시락 메뉴로 샌드위치를 싸주었는데, 아이들에게는 그게 또 화제인 모양이었다. 처음 보는 음식에 눈이 휘둥그레진 아이들은 '요셉은 혼혈아니까 그렇다' 는 식으로 이해했고 풀 죽은 아이는 점심을 그대로 굶고 말았다. 나는 요셉이 현관문을 발로 차고 들어오는 이유를 모른 채 어리둥절했다가, 도시락이 그대로 남은 걸 보고 상황을 대충 짐작할 수 있었다.

　요셉은 소파에 털썩 주저앉더니 "사는 게 참 힘들어요. 난 도대체 한국 사람이에요? 미국 사람이에요?"라고 불만을 터뜨렸다. 고작 열 살밖에 안 된 아들의 입에서 그런 말이 나왔으니 내 가슴이 얼마나 아팠겠는가. 요셉은 다음날부터 등교 전에 미리 도시락을 확인하곤 햄이 한 쪽이라도 들어 있으면 아예 도시락을 들고 가지 않았다. 한국 반찬에 소질이 없던 나는 정신이 번쩍 들어 그때부터 요리책을 보고 한국 음식을 연구하기 시작했다.

　남편은 요셉을 엄하게 다루면서도 자신이 가는 규모 있는 집회에 큰 아들을 꼭 데리고 다녔다. 혼혈아인 아들에게 자신감을 갖도록 한 배려였던 것 같다. 후에 요셉은 자기 아버지가 논산 훈련소의 수많은 장병들 앞에서, 미군들 앞에서 설교하는 모습을 보면서 콤플렉스를 조금씩 극복할 수 있었다고 말했다.

　남편은 빌리 그레이엄 전도대회 마지막 날에도 요셉을 여의도 광장에 데리고 갔다. 요셉은 아버지가 수많은 군중 앞에서 통역하는 모습을 보고 아버지를 자랑스럽게 생각했고, 정부에서 보내준 리무진을 타고 아버지와 고급호텔로 가면서 몹시 즐거워했다. 아버지가 훌륭한 일을 하는 사람이라는 사실에 위안을 얻고 자신감을 회복한 것이다.

성인이 된 요셉은 아버지와 함께 해외 집회를 다니면서 한국인 교포들에게 큰 반향을 불러일으켰다. 자신이 혼혈아로 겪은 아픔이 미국에서 방황하는 교포들에게 공감이 되었던 것이다.

한 번은 요셉이 미국에서 한국인 청소년들을 대상으로 집회를 한 적이 있었는데, 연일 2,000~3,000명이나 되는 청소년들이 모여 큰 성황을 이루었다. 청소년 교포들은 미국인의 용모를 한 한국인 설교자의 말에 숨죽인 채 귀를 기울였다. 요셉이 자신의 어린 시절의 일을 꺼내자 강당이 울음바다가 되었다. 요셉은 교포 청소년들에게 이렇게 외쳤다.

"여러분은 미국 시민권을 갖고 있지만 뿌리는 한국인입니다. 제일 중요한 건 천국 시민권입니다. 여러분은 하나님의 자녀입니다. 이스라엘 백성을 보세요. 전 세계에 퍼져 있는 유대인들은 어디서든 가장 강한 민족입니다. 여러분은 다른 민족을 섬길 수 있는 국제적인 인물로 성공할 수 있습니다. 하나님의 위대한 축복의 도구가 바로 여러분입니다."

요셉은 그 집회를 통해 일약 유명 강사의 반열에 올랐다. 24살이 나이로 미국 각 도시를 다니며 한인 청소년 연합 집회를 인도했다. 1990년까지 요셉은 청소년 수만 명에게 복음을 전했다. 갱단에 들어갔던 청소년들은 울면서 회개했고, 그 중 목사가 된 이들도 있다. 그때 요셉은 나에게 이렇게 말했다.

"어릴 때는 어머니를 부끄럽게 여기고 제가 혼혈아로 태어난 게 원망스러웠는데 오늘날 제가 이렇게 다시 쓰임 받게 될 줄은 몰랐어요. 하나님이 어머니를 한국에 보내시고, 제가 다시 미국에 와서 한국 청소년들에게 용기를 불어넣는 건 모두 하나님의 놀라운 섭리예요. 제가 쓰임 받고 있는 것에 감사해요. 어머니 고마워요."

그때 나는 요셉의 이야기를 들으며 마음속으로 뜨거운 눈물을 흘렸다. 아들은 LA에서 처음 집회를 열 때 만난 주일학교 교사와 결혼까지 하게 되었다. 집회가 끝나면 여러 학생이 요셉과 함께 패스트푸드점에서 햄버거를 먹곤 했는데, 그 중에 며느리가 끼어 있었던 것이다.

현재 원천중앙침례교회를 담임하고 있는 요셉은 자신이 행동과 습관은 아버지에게, 철학과 교육의 가치, 섬김의 정신은 어머니에게 배웠다고 말한다. 요셉이 강사로 초빙된 자리에서 내가 좋아하는 격언인 'Bloom where you are planted' 라는 말로 연설을 마무리할 때마다 나는 말로 표현할 수 없는 기쁨을 느끼곤 한다.

어린 요셉에게 자긍심을 키워주다

요셉이 초등학교 3학년이 되었을 때 남편은 요셉을 불러서 이렇게 말했다.

"요셉아, 3학년 되었으니 용돈 필요하지?"

"그럼요, 저한테 돈 주시게요?"

"아니, 대신 좋은 아이디어가 하나 있는데 한 번 해볼래?"

제 아버지가 용돈이 아니면 뭘 좋은 걸 주려나보다 생각했던 요셉은 영문도 모른 채 아버지를 따라갔다. 요셉을 한 제과 공장으로 데리고 간 남편은 요셉에게 아이스케키 통을 목에 걸어주었다. 당시만 해도 전쟁고아들이 아이스케키를 많이 팔던 시절이었다.

"이제 네 용돈은 네가 벌도록 해라. 돈 버는 고생을 해봐야 돈의 가치를 제대로 아는 법이야."

남편은 요셉에게 덜렁 그 말만 하고는 수원 한복판에서 아이스케키를 팔도록 시켰다. 아버지가 하라고 하니 일단 순종할 생각이었지만, 요셉은 혼혈아인 자신이 남 앞에 나설 수 있을지 무척 걱정했다.

'누가 나 같은 꼬마가 파는 아이스케키를 사겠어? 한여름 땡볕에 이게 무슨 고생이람.'

난생 처음으로 장사 기회를 얻은 이들은 조용히 주변을 살폈다. 그때 골목 귀퉁이에서 아이스케키를 파는 아이들의 목소리가 들렸다.

"아~이스케키여!"

요셉보다 체구가 큰 중학생 아이들이 골목골목을 돌며 아이스케키를 팔고 있었다. 요셉은 중학생 형들이 하는 모습을 유심히 관찰

하면서 형들이 하는 대로 똑같이 따라 하기 시작했다.

한데 당시 수원에서 제법 큰 기독 병원에 근무하던 간호사 한 사람이 우연히 요셉을 보고 신기한 듯이 물었다.

"네가 아이스케키 팔고 있는 거야? 너 한국말 할 줄 알아?"

"네. 아버지가 한국인이에요."

"그런데 왜 여기서 아이스케키를 팔고 있어?"

"그럴 만한 사정이 있어요. 대답해드릴 테니 제 아이스케키 좀 사주세요."

무심코 한 말이었지만 간호사는 요셉을 데리고 들어가 병원에서 아이스케키를 팔도록 해주었다. 의사, 간호사, 직원, 환자 가족들까지 소개해주면서 아이스케키를 사 달라고 부탁까지 하는 것이다. 당연히 아이스케키는 순식간에 동이 났다. 요셉으로서는 아이스케키 하나 사달라는 말만 했을 뿐인데, 장사 첫날 최대 실적을 올리는 성과를 거두게 된 것이다.

요셉은 아이스케키 하나를 3원에 받아 5원에 팔았다. 남긴 돈은 자그마치 60원. 당시 아이스케키를 팔던 중학생들 하루 수익이 20~30원 정도였으니 요즘 말로 '대박'이 난 것이다. 하지만 요셉은 그날 번 돈을 고스란히 택시비로 지불했다. 날이 어두워져 버스가 끊기자 합승택시를 타고 집에 온 것이다.

요셉이 아이스케키를 판다는 소문이 동네에 퍼지자 요셉과 친한 아이들이 너도 나도 아이스케키를 팔겠다고 나섰다. 요셉은 졸지에 아이스케키 영업팀장이 되어 아이들과 병원, 은행 등을 돌며 아이스케키를 팔았다. 처음엔 쭈뼛쭈뼛하던 게 시간이 흐르자 사람들의 시선을 끄는 노련함도 익히게 되었다. 내 기억으로는 요셉이 아이스케키를 판 이후로 초등학교를 졸업할 때까지 용돈을 한 번도 안 타간 것 같다. 용돈이 궁하지 않을 정도로 벌이가 쏠쏠했다는 얘기다.

요셉은 그때의 경험을 바탕으로 중학교에 진학해서도 아르바이트를 하면서 용돈을 벌었다. 매일 새벽마다 500~700부 정도 되는 신문을 배달했는데, 하루에도 몇 번씩 보급소를 왔다 갔다 했다. 대학생이 되면서부터는 주유소, 인쇄소, 학교 청소 등 이런 저런 일들을 하면서 자기 학비와 생활비를 벌었다. 남편과 나는 요셉이 일하면서 학교를 다니는 게 얼마나 보람된 것인지 배우기를 바랐다. 다행히 요셉은 자기가 스스로 돈을 벌어 용돈을 해결한 것에 자부심을 느꼈다.

요셉은 예전 아르바이트를 하던 시절을 떠올리며 내게 이렇게 말하곤 한다.

"그때 노력의 대가가 얼마나 소중한 것인지 절실히 깨달았죠. 일하는 사람은 '자신이 없다', '내가 뭘 할 수 있을까' 라는 생각을 하지 않는다는 것도 알았고요. 마냥 몰인정해보이기만 하던 아버지의 마음이 어른이 되어서야 이해가 되었어요.”

요셉은 어릴 때부터 몸에 밴 노동의 가치를 자녀들에게 물려주고 있다. 아이들이 어릴 때부터 세탁기를 돌리고 빨래를 널고 개는 일, 진공청소기로 청소하는 일, 세차하는 일, 세탁된 옷을 옷장에 넣는 일 등을 시키고 용돈을 주는 것이다. 요셉은 교회에서 노동의 신성함에 대해 설교할 때면 늘 잠언 말씀을 인용하곤 한다.

“게으른 자여 개미에게로 가서 그 하는 것을 보고 지혜를 얻으라.” (잠언6:6)

“손을 게으르게 놀리는 자는 가난하게 되고 손이 부지런한 자는 부하게 되느니라.”(잠언 10:4)

“돌쩌귀를 따라서 도는 것 같이 게으른 자는 침상에서 도느니라.” (잠언26:14)

초등학교 설립을 향한 요셉의 비전

요셉은 미국에서 돌아온 뒤 수원중앙침례교회에서 학생부를 담당했다. 미국에서 2세 청소년 사역을 성공적으로 해냈기에 귀국 초기에만 해도 자신감이 넘치는 상태였다. 요셉의 꿈은 기독교 교육을 전공하면서 크리스천 스쿨을 세우는 것이었다.

"어머니, 제가 미국에서 공부하면서 뼈저리게 깨달은 것이 있어요. 기독교 교육이 교회에서뿐만 아니라 가정과 학교에서 함께 이뤄져야 한다는 점이에요. 저는 교회에서 하나님을 배운 아이들이 학교에서 '하나님은 없다'고 교육받는 이중적인 잣대를 허물고 싶어요."

요셉은 마치 바울이 디모데를 키우듯, 기독교 세계관을 바탕으로 학교 교육을 함께해 하나님의 자녀를 양육하는 모델을 사람들에게 보여주고 싶어 했다. 당시 유치원을 운영하고 있었던 나는 요셉에게 "하나님이 너에게 분명한 비전을 보여주셨다면 어떤 어려움이 있어도 망설이지 말고 나아가라"고 말해주었다.

요셉이 학교를 세우려고 처음 교육청을 찾아갔을 때의 일이다. 담당자는 요셉이 제출한 서류를 거들떠보지 않고 이렇게 말했다.

"굳이 초등학교를 하셔야 됩니까? 차라리 중학교를 하세요. 중학교를 신청하면 나라에서 건립비도 주고, 학교 운영 예산도 50%나 지원하는데 왜 초등학교를 세우나요? 중학교로 신청하신다면 바로 설립 인허가를 내 드리겠습니다."

당시 요셉은 학교 설립에 필요한 자금을 미처 채우지 못한 상태였기에 귀가 솔깃한 제안이었다. 요셉은 나중에 "만약 어머님이 하나님에 대한 비전을 말씀해주시지 않았다면 그 자리에서 계획을 변경했을 것"이라고 말했다.

인간은 언어를 통해 사물을 보기 때문에 언어는 우리의 사고 체계를 형성하는 법이다. 한데 이 언어는 서너 살 때 이미 기본 골격이 형성되고, 초등학교에 입학할 무렵이면 세계관이 어느 정도 만들어진다. 누구보다 이 점을 잘 알았던 요셉은 초등학교 설립을 위해 한 발도 양보할 생각이 없었다.

요셉이 "초등학교가 아니면 학교를 지을 생각이 없다"고 말하자 교육청 담당자는 이해할 수 없다는 표정으로 이렇게 말했다.

"지금 초등학교는 포화 상태입니다. 더 이상 지을 필요가 없으니 정부에서도 설립 인허가를 내 줄 이유가 없겠네요."

요셉의 결심은 확고했지만 그 후 2년 동안 초등학교 설립 인허가가 나오지 않았다. 하지만 그 기간 동안에도 아들은 학교 설립을 포기하지 않고 매일 무릎으로 주님께 나아갔다. 크리스천 학교에 대한 확고한 비전이 있었기에 그 꿈은 결코 포기할 수 없는 것이었다.

2년이 지난 뒤 영통 지역의 도시 개발 계획 소식을 들었을 때 요셉은 자신에게 기도응답이 이뤄진 것이라고 생각했다. 요셉은 곧장 시 교육청으로 달려가 "영통구에 새로 인구가 유입되면 학교가 필요할 테니 허가를 내달라"며 간청했다. 시교육청에서도 초등학교 설립 필요성을 잘 알고 있던 터라 더 이상 요청을 거절할 이유가 없었다.

그렇게 오랜 준비를 거쳐 1994년 마침내 수원중앙기독초등학교가 개교하게 되었다. 요셉은 그 1년 뒤에 수원중앙침례교회의 지교회인 원천침례교회도 개척했다. 요셉이 인허가를 받자 남편은 두말없이 과수원 땅과 살고 있는 집터까지 팔아 학교 설립을 지원했다. 2년여의 기다림 끝에 평소 알뜰하게 모아온 선교비를 아들에게 내어놓은 것이다.

우리는 이때 집을 파는 바람에 한동안 교회 버스를 운전하는 집사님 댁에 머물러 있기도 했다. 요셉은 그런 아버지를 고마워하면서도 한편으로는 학교 설립 과정에서 남편과 부딪히기도 했다. 지금도 내가 기억하는 사건은 교회 건축과정에서 불거진 '십일조 문제'이다. 땅 판 돈을 요셉에게 준 남편은 "십일조를 하나님께 먼저 바쳐라"라고 말했다. 요셉은 곧장 반발했다.

"지금 이 돈으로도 돈이 부족하다는 거 잘 아시잖아요? 저 요즘 여기저기 돈 꾸러 다니는 거 안 보이세요?"

"그래도 십일조를 먼저 드리고 시작해야 돼. 그렇지 않으면 복을 받을 수 없다."

"아버지, 차라리 교회에 헌금하셨다고 생각하세요."

"무슨 소리. 그런 식으로 하나님 손길을 피해갈 수 없다. 30억 원에 십일조면 3억 원이겠구나."

남편의 완강한 태도에 요셉은 기가 찬 눈치였다. 어렵게 모은 돈 30억 원은 그나마도 건축 예산의 절반에 불과한 상태였다. 요셉은 남편과 일주일 동안 십일조 문제로 씨름하다가 결국 십일조를 고스란히 내놓을 수밖에 없었다. 요셉은 나에게 "엄마, 3억 원을 강제로 떼인 기분이에요"하고 하소연했다. 나는 그런 요셉에게 "하나님은 물질로 경배를 받으면 결코 그냥 넘어가실 분이 아니다"라고 위로했다.

십일조를 하고 한 달쯤 지난 어느 날 갑자기 한국전력 직원이 요셉을 찾아왔다. 요셉은 당시 학교 설립인가를 놓고 하도 마음고생을 많이 했던 터라 잔뜩 움츠러든 상태였다. 그런데 한국전력 직원들은 요셉에게 뜻밖의 제안을 했다.

"일대 아파트 설립으로 고압선 지중화 계획을 검토 중입니다. 고압선이 지나가는 길에 학교 개발 계획이 있더군요. 나중에 민원이 들어올 수 있으니 미리 협상을 하러 왔습니다."

요셉은 그때 부지에 고압선이 지나고 있다는 사실을 처음 알았다. 만약 학교 운동장 위로 고압선이 지나간다면 위험천만한 일이었을 것이다. 한국전력 직원들은 고압선 지중화를 위해 필요한 부지를 팔라면서 진입로까지 내주겠다고 제안했다.

덕분에 요셉은 여러 가지 골칫거리를 한꺼번에 해결할 수 있었다.

후에 계산해보니 약 30억 원 가량의 이득을 본 셈이었다. 그 돈은 요셉이 내놓은 십일조의 10배에 해당하는 금액이니, 하나님께서 고스란히 되돌려준 셈이 된 것이다.

그때 나는 요셉과 함께 하나님의 신비롭고 오묘한 섭리를 생각하면서 감사예배를 드렸다. 요셉은 자신의 성급함과 불신앙을 뉘우치면서 이후 믿음으로 학교 설립을 성공적으로 마칠 수 있었다. 확실히 하나님은 손해 보는 일은 안 하시는 분이다! 나는 요셉의 믿음이 나날이 성장하는 모습을 보면서, 요셉을 향한 주님의 계획을 좀 더 분명하게 느낄 수 있었다.

청바지를 입은 목사 요한

요셉이 공부를 파고드는 스타일이었다면 요한은 리더십으로 친구들을 많이 사귀는 타입이었다. 요한은 자신도 형과 누나처럼 학교에 보내달라고 하도 떼를 써서 한국 나이로 조금 이른 6살에 초등학교에 들어갔다. 하지만 아쉽게도 욕심은 많은 반면 실력이 뒤떨어져 만날 10점, 20점짜리 저렴한 성적표를 받아오곤 했다. 안 되겠다 싶어서 이듬해 유급을 시키려고 하자 요한은 하늘이 뚫린 것 같은 얼굴로 마구 떼를 썼다.

"안 돼요. 지금 사귄 친구들이 얼마나 나에게 소중한 존재인지 엄마는 몰라요. 나는 유급하지 않을 거예요!"

자식 이기는 부모 없다고, 친구를 많이 사귄 요한이 고집을 피우는 통에 유급시키지 않았지만 지금 생각하면 좀 후회가 된다. 학업에 흥미를 느끼지 못하면서 학년만 올라가다보니 성적이 나아지지 않았기 때문이다. 요셉과 애설이가 상장과 부상을 집으로 자주 가져온 반면, 요한은 상장 구경할 일이 거의 없었다. 한 번은 남편에게 이러한 요한의 문제를 놓고 상의한 적이 있다.

"요한이 공부를 통 못 따라가니 큰일이에요. 본인도 아예 흥미가 없는 것 같고…. 이대로 나눠도 괜찮은 걸까요?"

"요한은 운동을 잘하잖소. 하나님께서 주신 달란트가 공부가 아닐 수도 있으니 너무 기죽이지 말아요."

그 후 공부를 못하는 요한이 운동에 흥미를 붙이도록 여러 모로 격려를 해줬다. 아니나 다를까, 요한은 어느 날 학교에서 100m 달리기에 출전해 1등 상장을 받아왔다.

"엄마! 나도 드디어 상장이 생겼어요. 10명이나 뛰었는데 내가 1등으로 들어왔다고요. 굉장하죠?"

"그래, 우리 요한도 남보다 뛰어난 재능이 있었구나. 엄마는 네가 자랑스러워."

요셉과 애설이 상장을 타 오면 그냥 서랍에 넣어두었지만 요한의 상장은 액자에 넣어 벽에 걸어주었다. 손님이 오면 일부러 요한이 보는 데서 상장을 소개하고 요한을 추켜세웠다. 운동회 때는 외국에서 오신 손님을 모시고 가 요한과 사진을 찍어주면서 잘한다고 칭찬을 했다. 혹여나 제 형과 누나 때문에 기가 죽을까봐 신경을 그만큼 썼던 것이다. 형과 비교하면서 "왜 너는 공부를 못하느냐"고 야단치면 성격이 나빠질 수 있기 때문에 각별히 조심해야 했다. 그런 노력 덕분인지 요한은 형이나 누나에게 자격지심을 느끼지 않고 밝게 자라주었다.

요한은 늘 주변에 친구들이 함께 있었다. 초등학교를 졸업하고 칼파워스 집에서 1년 동안 영어 공부를 하고 오더니 친구들과 중학교 2학년으로 진급하겠다고 선언했다. 미국에서 1년 동안 공부했으니 곧바로 2학년이 되어도 괜찮다는 것이다. 다행히 교육감의 허락으로 2학년으로 진급할 수 있었지만 성적이 시원찮은 게 문제였다.

요한은 겨우 중학교를 졸업했지만 고등학교는 좀처럼 제 뜻대로 이루지 못했다. 남편은 "무슨 일이 있어도 고등학교만큼은 한국에서 졸업하라"고 요한에게 못을 박았다.

"전 그럴 수 없어요. 뭐라고 하시든지 미국으로 갈 테니까 나중에 저 때문에 울지 마세요."

요한은 남편과 내게 막무가내로 이렇게 말했다.

"너 혼자서 미국에 갈 수 있다고 생각하니?"

"저도 이제 다 컸다고요. 제 발로 어디든 갈 수 있어요."

나는 한동안 요한이 혼자서 그러다 말겠거니 생각하고 있었다. 하지만 요한은 마침내 저 혼자서 일을 벌이고야 말았다.

어느 날 금고에 넣을 1,500달러를 들고 집을 나가버린 것이다. 나는 요한이 진짜로 미국에 가버리면 어쩌나 전전긍긍인데, 남편은 "미국에 가서 뭘 어쩌겠느냐 조만간 제 발로 돌아올 것"이라며 무심하게 흘려버렸다.

'하나님, 요한이 미국으로 가는 발걸음을 붙잡아주세요. 갈 때 가더라도 남편과 저의 축복 속에 떠나도록 도와주세요.'

나는 요한이 돌아오지 않자 밤늦게 혼자서 무릎을 꿇고 기도했다. 만약 요한이 그대로 가버린다면, 남편도 나도 요한을 용서할 수 없을 것만 같았다. 요한에게 연락이 온 것은 그 다음날 저녁이 다 되어서였다.

"엄마, 저예요."

"요한! 엄마가 널 얼마가 걱정했는데! 너 어디니?"

"여기, 한국이에요…"

요한은 결국 미국으로 떠나지 못했다. 나중에 얘길 들어보니 라스베이거스로 가서 도박을 해 학비를 마련하려고 했단다. 하지만 미국으로 가는 비행기를 놓쳐서 호텔에서 하룻밤을 묵은 것이다. 미국 아이처럼 생긴데다 영어를 잘하니 공항에서나 호텔에서 받아줬던 것 같다. 이튿날 아침이 되어서야 자신의 잘못을 깨달은 요한은 하루 종일 이곳저곳을 빙빙 돌다가 저녁에서야 내게 전화를 건 것이다.

나는 남편에게 "요한이 돌아오면 야단치지 말라"고 신신당부를 했다. 그리고 성경 속에 등장하는 탕자의 아버지처럼 집 앞에서 아들이 돌아오기를 기다렸다. 멀리서 요한이 터덜터덜 걸어오는 모습을 보고 그대로 뛰어가 아들을 품에 안았다.

"요한아, 엄마가 미국에 보내줄게. 정 네 뜻이 그렇다면 미국에 가서 공부하렴. 돌아와 줘서 고맙다."

요한은 "엄마 제가 잘못했어요"하고 큰 소리로 울기 시작했다. 우리 모자는 그렇게 서로를 안은 채로 한참을 서서 울었다. 결국 남편은 학교에 정을 붙이지 못하는 요한을 미국에 보내기로 결정했다. 나는 지금 돌이켜봐도 결과적으로 그 일은 요한에게 훨씬 좋은 선택이었다고 생각한다. "한국에서 고등학교를 마쳐야 한국인의 혼이 뿌리내린다"면서 두 아이를 미국에 보낸 남편이지만 막내에게는 두 손 두 발 다 들고 말았다.

요한은 형이 다녔던 테네시 주 템플 대학교의 부속고등학교에 다녔다. 안에서 깨진 바가지가 밖에서라고 안 샐 리 없었다. 성적이 바닥을 쳤는데 친구 좋아하는 습성은 여전해 한 번은 큰 문제가 생겼다. 친구 집에서 밤늦게까지 놀다가 그만 잠이 들어 기숙사로 돌아오지 못한 것이다. 가뜩이나 공부도 못하는 녀석이 무단 외박까지 했으니 학교에서 쫓겨나는 건 불 보듯 빤한 일이었다. 나는 그때 요한의 소식을 듣고 하루가 멀다 하고 전화를 붙들고 요한을 설득했다. 요한은 겨우 위기를 모면하고 고등학교를 졸업했지만 대학 진학은 엄두도 낼 수 없었다.

“여보, 요한을 이대로 두면 제대로 대학에 가지 못할 것 같아요.”

나는 남편에게 애설이 졸업한 샘 포드 대학교의 총장을 만날 것을 권했다. 애설이 졸업한 학교인 샘 포드 대학교는 요한이 들어가도 안심일 것 같았다. 남편과 함께 어렵게 총장을 만났지만, “올해는 입학하기 어렵겠다”라는 대답이 돌아왔다.

“대신 다른 대학에 1년을 다녀서 좋은 성적을 받으면 다시 심사할 수는 있습니다.”

총장은 “요한 때문에 학교의 원칙을 무너뜨릴 수 없다”면서 1년 후에는 반드시 기회를 주겠노라고 말했다. 요한은 그때서야 미국에 가겠다고 떼를 쓴 점을 미안해하는 눈치였다. 나는 요한을 다독이면서 공부에 동기부여를 해줄 필요가 있다고 생각했다.

“하나님은 너를 미국으로 부르셨어. 네 생각과 고집으로 미국에 간 것 같지만 엄마는 네가 미국에서 반드시 새로운 비전을 품고 다시 돌아올 거라고 믿는단다. 네가 좋은 대학에 들어가지 않아도 괜찮지만 하나님이 주신 소망은 잃지 않았으면 좋겠구나.”

“미안해요, 엄마. 다시는 걱정 끼쳐드리지 않을게요. 이제부터는 공부에 재미를 붙이려고 노력할게요.”

요한은 내 품에서 눈물을 흘리면서 나와 주님께 간절한 기도를 했다.

요한은 이후 샘 포드와 가까운 사우스이스턴 바이블 칼리지에 입학했다. 그곳에서 기숙사 룸메이트인 제프의 영향을 받아 공부에 재미를 붙이게 되었다. 제프는 1학년 학생 중에서 성적이 가장 뛰어난 학생이어서 교내에서도 평판이 좋았다. 요한은 성실한 제프를 보고 도전의식을 느껴 공부하는 태도와 학습 방법을 배워나갔다. 사우스이스턴 바이블 칼리지에 재학한 1년 동안 요한의 성적은 차츰차츰 오르기 시작했다.

1학년을 마치자 샘 포드 대학교 총장이 요한에게 1학년 성적표를 갖고 오라고 했다. 하지만 요한은 제프와 함께 공부하고 싶어 사우스이스턴에 다니겠다는 결정을 내렸다. 2학년이 되자 요한은 전과목 A를 받은 성적표를 한국에 보내왔다. 요한이 보낸 편지에는 자신이 성적이 오르게 된 이유와 앞으로의 비전이 담겨 있었다.

‘엄마의 격려 때문에 공부에 다시 의욕을 갖게 된 것 같아 감사드려요. 저는 앞으로 형의 뒤를 이어 시카고에 있는 트리니티 신학대학원에 들어가려고 해요. 앞으로 하나님이 저를 어느 길로 인도하실

지 모르지만, 제가 주님 뜻대로 쓰임 받는 일에 기뻐할 수 있도록 기도로 응원해주세요.'

나는 이미 주님께서 요한을 의의 길로 인도해주실 거라는 확신을 갖고 있었다. 요한이 박사과정을 이수할 학교를 알아볼 때 시카고 북침례교 신학대학원에서는 요한에게 자기 학교에 입학할 것을 권유했다. 학교에 입학시켜달라고 부탁했다가 거절당한 아이에게 "제발 우리 학교에 와달라"는 요청을 받을 줄 누가 상상이나 했겠는가! 주님이 하시는 일은 사람의 생각과 다르고 예측하기 어려운 오묘한 섭리가 숨겨져 있다는 사실을 다시 한 번 깨닫게 되었다.

요한의 남다른 목회 철학

미국 북침례교 신학대학에서 목회학 박사학위를 받은 요한은 1997년에 귀국해 대전 극동방송에서 잠깐 일하다가 이듬해 대전에서 함께하는교회를 개척했다. 어떤 분들은 목사 자녀들이니 어릴 때 장래희망도 당연히 목사일 것이라고 생각하는데 요한의 경우는 사실 그 반대였다.

"목사는 무조건 싫다. 목사만 아니면 다른 건 다 좋다"라고 할 정도로 극구 저항(?)을 했다. 물론 요한이 그렇게 행동하는 데는 그럴 만한 이유가 있었다.

"엄마, 난 아버지를 존경하지만 새벽부터 밤늦게까지. 사시사철, 주말도 없이 일하는 아버지가 때로는 아쉬울 때도 있었어요. 저는 넥타이가 딱 질색인지라 아버지를 뵐 때마다 '저 넥타이를 풀어 드렸으면…' 하는 마음이 간절했거든요."

요한이 넥타이를 왜 그렇게 싫어하는지는 모르지만, 요한은 넉넉하고 여유 있는 스타일을 꽤나 좋아했다. 그래서 청바지를 즐겨 입고 격식을 차린 자리에 나서는 걸 별로 좋아하지 않았다. 어린 마음에 "목사는 넥타이를 매야 하는 직업"이라는 생각으로 꽉 찬 요한은 "나는 목회랑은 어울리지 않는 사람"이라는 결론을 내리게 된 것이다.

하지만 요한은 교회 내에서 '청바지 입은 목사'로 통한다. 옷차림엔 그 사람의 평소 생각과 철학이 고스란히 들어있다면, 목사인 요한은 청바지를 통해 교인들에게 좀 더 편안하고 친근한 이미지를 주려고 노력했다.

요한은 종종 교인들에게 이렇게 말하곤 한다.

"예수님이 오늘 나타나신다면 과연 어떤 옷차림일까요? 정장? 캐주얼? 물론 필요한 경우 양복도 입으시겠지만 청바지도 꽤나 즐기실 것 같습니다. 제가 청바지를 좋아하는 이유는 오늘날 예수를 모르는 이들에게 좀 더 편안하고, 친근하게 다가갈 수 있다는 점입니다. 믿지 않는 이들이 평소 좋아하는 옷차림을 공유하는 것, 이것이야말로 '성육신'의 신학이 아닐까요?"

요한은 이따금 수원집에 올라와 함께 지낼 때가 있는데 지금도 농담처럼 그런 말을 한다.

"아버지와 형을 보면 내가 딱 적당한 것 같아요. 형은 아버지를 빼닮아 성격이 무척 급하잖아요. 어머니도 느긋한 것 같지만 어떨 땐 되게 급하고…."

'이 녀석이…?

속으론 아니라고 생각하지만 사실 요한은 요셉이나 남편과 달리 매우 섬세한 성격을 타고 났다. 자랄 때부터 사람들을 잘 챙겨서 어른들에게 귀여움을 많이 받았다. 제 형과 누나가 학교에서 아직 돌아오지 않은 때, 우리 부부가 외출이라도 하면 손님 대접은 순전히 요한 몫이었다. 요한은 손님이 찾아오면 커피를 끓여 대접하고 어른들 말상대가 되어준다. 어린 아이가 조숙하게도 어른들을 상대했으니, 그때 일을 지금도 기억하는 분들이 많다.

나는 사려 깊은 요한의 성격이 나를 닮은 것이라 생각하는데, 요한은 내 성격이 많이 급해졌다고 말한다. 부부는 서로 닮는다고, 나 역시 틈만 나면 이것저것 하려고 드니 부인할 수 없는 사실이다. 하지만 조용한 음성으로 천천히 말하는 점이나, 정이 많은 걸 보면 나를 확실히 많이 닮았다는 걸 새삼 느끼곤 한다.

요한은 책을 무척 좋아해 아무리 바빠도 한 달에 3~4권은 기본으로 독파한다. 책 읽고 공부하는 걸 유난히 싫어하던 아이가 어른이 되어 바뀐 모습을 보면 참으로 세월이 빠르다는 걸 느낀다. 요한은 우리 교회 어른들을 만나면 일일이 등을 토닥여주면서 "잘 지내시냐"고 묻는다. 교회 어른들은 그런 요한을 너무 좋아해서 우리 집에 요한이 왔다고 하면 일부러 만나러 오기도 한다.

교회를 이끌어가는 데도 그런 성향이 반영되었는지 함께하는교회는 문화 선교를 잘하기로 꽤 유명하다. 요한이 문화선교에 관심을 갖는 건 유학 시절 크리스천 문화에 영향을 받았기 때문이다. 미국에서는 크리스천이 만든 수준 높은 공연이나 영화 등의 예술작품을 일반인들이 보면서 회심을 하는 경우가 많다.

요한은 "기독교 패러다임에 익숙한 선교방식은 교회 밖으로 스며들기에 한계가 있다"면서 사단법인인 '와플(WAFL)'을 설립했다. '소통하면서 일깨운다'는 뜻인 '어웨이크닝 플로(aWAkening FLow)'에서 알파벳을 두 글자씩 딴 것이다. 와플은 공식 출범 이전인 2009년 12월부터 색소폰 연주자 대니 정과 혼성 5인조 그룹 '해오른누리'의 콘서트, 어린이 가족 뮤지컬 '너는 특별하단다' 등 다양한 공연을 올렸다.

나는 직접적인 거리 전도 방식이 거부감을 일으킨다는 요한의 생각에 동의하는 편이다. 아무리 좋은 말도 반복해서 말하면 듣지 않고, 오히려 진실 되고 좋은 것일수록 창의적인 방식으로 접근해야 효과가 높다. 요한의 생각은 크리스천만이 아니라 기독교를 모르는 일반인들도 함께 모여 작품성이 높은 음악을 나누면 자연스럽게 전도가 될 수 있다는 것이다. 설령 예술공연으로 크리스천이 되지 않더라도, 예술가들이 자신들의 재능으로 사회를 섬긴다면 그 자체로 좋은 일이라고 생각한다.

딸 애설의 아주 특별한 교육법

특별한 일이 없으면 매년 겨울방학 때는 미국에서 사는 딸 애설 네 집에서 보내려고 한다. 한국에서 살면서 한국사람 다 되었다고 하지만, 고향인 미국 생각이 자주 나 쉬는 기간 동안만이라도 가 있고 싶어서다. 또 아들들과 달리 자주 얼굴을 못 보는 애설과 함께 지내기 위한 이유도 있다.

"엄마, 오실 때 제 어릴 적 사진 좀 가져다주세요. 주일학교에서 피아노 치던 사진 있죠? 가끔 생각나는데 자꾸만 그때 기억을 잊어버려요."

미국에 갈 때면 애설은 가끔 이런 부탁을 하곤 한다. 대학 시절부터 미국 생활을 했지만 애설 역시 고향땅인 한국이 그리워지는 것이다. 애설은 매주 서너 번씩 내게 이메일로 일상의 시시콜콜한 것까지 다 알려준다. 아이들은 어떻게 놀았는지, 남편과는 어떻게 지내는지, 심지어는 맛있는 음식을 먹고 난 뒤 레시피를 함께 공유하기도 한다.

그런 애설을 보면서 '딸이 그래도 딸이구나' 하고 생각할 때가 많다. 가장 기쁠 때는 중요한 결정을 할 때 반드시 내 의견을 물어본다는 점이다. 아들들은 아무리 나한테 잘해준다고 해도 '애들 사립학교, 공립학교, 기독교 학교 중 어디를 보내야 하느냐' 고 묻지는 않는다. 하지만 애설은 일상 속의 사소한 것까지도 나와 함께하면서 물리적인 거리를 극복하려고 노력한다.

자녀의 진로에 대한 딸의 물음에 나는 "네 딸에 관한 일이니 결정은 네가 하는 게 맞다"고 일러주지만, 속으로는 내 의견을 존중해주는 딸이 고맙기만 하다.

내가 이렇게 말하면 분명 두 며느리는 서운하다고 할 것이다. 아닌 게 아니라, 며느리들은 내게서 딸의 빈자리가 느껴지지 않도록 친딸처럼 살갑게 굴 때가 많다. 그런 점이 기특하고 고마운 건 사실이지만, 부모란 원래 자식의 빈자리를 예민하게 느낄 수밖에 없는 법이다.

딸과 며느리는 어떤 점이 다를까. 잘못한 일이 생길 때 딸은 곧장 야단치곤 하지만 며느리는 돌아서서 한 번 생각해야 한다. 또 설령 잘못을 지적한다고 해도 직설적인 방법보다는 간접적으로 돌려 말해야 한다. 딸에게는 말할 수 있는 얘기도 며느리에게는 말 못하고 넘어가기도 한다. 며느리들도 아마 손녀들이 점점 크면 이런 내 마음을 이해해줄 것이다.

딸이 기특한 건 이따금 엄마에게 감동적인 편지를 보내온다는 것이다. 애설은 긍정적인 아이 양육법에 관한 책을 읽고 "엄마가 했던 일들이 그대로 나와 있다"면서 이런 얘기를 들려주었다.

"난 엄마가 한양대 총장님이 우리 집에 오거나, 청소하는 분이 오거나 똑같이 대하셨던 게 가장 기억에 남아요. 집에 찾아오는 손님은 예외 없이 제일 귀한 그릇에 좋은 음식을 담아 대접하셨잖아요. 어릴 때 초콜릿이나 커피가 무척 귀했는데, 엄마가 그걸 손님들에게 턱턱 내놓을 때마다 '저거 다 주면 우리 건 안 남을 텐데' 하고 걱정했던 적도 있어요. 그런데 신기한 게 뭔지 아세요? 커피나 초콜릿이 떨어질 때쯤엔, 반드시 누군가 우리 집에 그걸 선물하곤 했다는 거예요."

애설은 자녀를 키울 때도 내가 했던 방법을 그대로 적용했다. 세 딸들에게 2년 넘게 모유를 먹였고, 젖을 먹이면서 아이를 꼭 안아주었다. 짜증이 잦은 나이에 정서적인 안정감을 주기 위해서다. 물론 내가 애설을 키울 때는 따로 이유식이 없었기 때문에 젖을 먹일 수밖에 없는 환경이었지만, 그렇지 않았더라도 나는 아이를 위해 모유 수유를 했을 것이다.

애설은 테네시 템플 대학교, 샘 포드 대학원, 남침례교성서신학교에서 피아노와 종교 음악을 전공한 뒤 콘코디아 대학원에서 교육학 석사학위를 받았다. 결혼한 뒤에도 4년 동안 미국 최대 교과서 출판사인 맥밀란 맥그로우에서 교육 컨설턴트로 일했다. 하지만 아이를 가진 뒤로는 미련 없이 직장을 그만두고 집에서 피아노 레슨만 했다. 그나마 둘째를 낳은 뒤에는 피아노 레슨도 그만두었다.

"아무리 그래도 공부를 그렇게 많이 했으면서, 집에서 아이만 돌보는 건 너무 아깝지 않나요?"라고 묻는 이들도 있다. 그럴 때 애설은 아이들에게 단 한 번뿐인 어린 시절을 어머니와 보내는 것은 자녀의 성장에 매우 중요한 일이라고 대답해준다.

우리 유치원만 봐도 어머니가 집안에서 돌본 아이와, 조부모에게 맡겨진 아이는 행동 발달에서부터 확연한 차이가 난다. 비록 학력이 낮고 집안이 좀 넉넉지 못해도 어머니가 집에서 아이를 돌보면 안정감 있고 밝은 성격으로 자란다. 전문직을 가진 엄마들의 자녀들은 어딘가 모르게 불안하며, 표정이 어두운 아이들이 많다. 물론 그렇지 않은 경우도 있지만, 전체적인 면을 보면 확실히 이러한 차이점이 두드러진다.

애설이 딸을 집에서 키우는 건 미국 상류층 주부들의 문화에 영향을 받은 이유도 있다. 미국 상류층 주부들은 대개 모유를 먹이고, 상류층으로 갈수록 자녀를 많이 낳는다. 애설이 사는 집 주변에는 미국 상류층 이웃들이 많은데, 아이가 다섯인 집들이 수두룩하다고 한다. 엄마 혼자 아이를 보는 게 힘들어서 명문 대학을 졸업한 유모를 채용하는 집도 있다. 엄마가 집에서 어린 아이를 돌보면, 유모는 비교적 큰 아이들을 지도하거나 함께 강습을 받으러 가는 것이다.

애설은 아이들과 함께 소꿉놀이, 그림 그리기, 지점토 만들기 등을 하면서 끊임없이 대화를 나눈다. 애설이 아이들에게 들이는 공에 비하면, 그만큼 해주지 못한 내가 오히려 미안해질 정도다. 당연히 애설의 딸들은 사랑받은 아이들답게 성격이 너무나도 밝고 명랑하다.

"목사 자녀가 아이를 잘 기르면, 그냥 그러려니 하지만 잘못 키웠을 때는 모두가 손가락질하잖아요. 저는 부모님 얼굴에 먹칠하고 싶진 않았어요. 제가 교육을 잘 받은 만큼, 제 아이들도 가장 좋은 환경에서 교육을 시키고 싶어요."

애설은 아이가 생후 4개월이 되었을 때 음악을 둘려줘서 반응을 알아본 뒤, 단계별 교육을 했다고 말했다. 특히 방학 기간에는 두세 가지를 가르쳐서 교양을 쌓게 하고 특기도 찾아냈다. 큰 손녀 윤진이는 그동안 테니스, 체조, 수영, 발레, 태권도 등을 다 배웠는데 특히 미술에 뛰어난 재능을 보였다고 한다. 애설은 큰 딸의 미술 교육을 위해 각별히 신경을 썼다.

어느 날 윤진이가 애설에게 "내 그림은 언제 박물관에 걸리냐"고 물었던 적이 있단다. 애설은 딸이 그림 콘테스트에 출전하면 상을 탈 수 있을 거라는 생각에 인터넷을 뒤져 그림 공모하는 곳을 찾았다. 한 사이트에서 2세부터 17세까지 아이들을 대상으로 공모전을 했는데 주제가 '돈 주고 살 수 없는 것 중 가장 갖고 싶은 것' 이었다.

윤진이는 크레용, 수채화 물감, 사인펜으로 하트를 그리고 그 안에 눈, 코, 입을 그린 뒤 하트 밖으로 햇살이 퍼져나가게 해 그림을 완성했다. 그림 제목은 'Happy Heart'. 애설은 딸의 그림을 보고 마음이 환해지는 느낌을 받았다고 한다. 윤진이는 다섯 살 때인 1999년에 그림을 응모해 1,700명 중에서 1등을 차지했고 1,000달러를 상금으로 받기도 했다.

애설의 노력으로 손녀들이 낯선 타국에서 잘 자라는 걸 볼 때마다 대견하면서도 한편으론 마음이 짠해진다. 아마도 자식을 키워본 엄마의 입장에서 애설이 얼마니 애를 쓰는지 누구보다 잘 알고 있기 때문이리라. 현재 신학교 교수로 일하고 있는 애설은 오전엔 학교에 출근하고 오후에 집으로 돌아와 아이들과 행복하게 잘 살고 있다.

체벌 받은 아이들이 더 잘 큰다

　요즘은 체벌 때문에 곳곳에서 큰 이슈가 생긴다. 교사가 학생을 때리거나, 반대로 학생이 교사를 폭행하면 곧바로 인터넷에 뉴스거리가 된다. 나도 우연히 폭행 현장을 담은 동영상 파일을 본 적이 있었는데, 일정한 규율에 따른 게 아닌 교사의 감정적인 돌발 행동에 그 모습을 보고 있는 나도 가슴이 조마조마했다.

　이렇듯 상호 간의 일방적이고 모욕적인 폭행은 지탄 받아 마땅할 일이지만, 나와 남편은 체벌 자체를 반대를 하는 건 아니다. 아이들은 인격이 성숙하지 못해 자라면서 종종 잘못을 저지르곤 하는데, 어떤 경우는 일정한 체벌을 통해 이를 반복하지 않도록 잡아줄 필요가 있는 것이다.

　남편은 아이들이 중학교에 들어가기 전까지 잘못한 일이 있으면 혁대로 체벌을 했다. 지금 생각하면 좀 가혹한 면도 있긴 했지만, 아이들의 잘못을 바로잡아주는 데 혁대의 공(?)이 매우 컸던 것만은 사실이다.

　우리는 아이들에게 어릴 때부터 집안에서 각자 해야 할 일을 정해주었다. 개밥 주기, 설거지, 방 정리, 정원 가꾸기 등 여러 규칙이 있었는데 이를 어기거나 잘못을 저질렀을 경우 남편은 망설이지 않고 아이들에게 체벌을 가했다. 세 아이 중에서 가장 많이 맞고 자란 게 큰 아들 요셉이다. 아마도 남편이 혼혈아인 첫 아이를 강하게 키우려는 생각에서 그랬을 것이라고 짐작한다.

요셉 또한 어려서부터 제법 강단이 있어서 자기가 잘못해서 아버지에게 맞는 걸 당연하게 생각했다. 반면 마음이 여린 요한은 아버지에게 맞으면 마음에 상처를 받았다.

"이번에 아버지가 청소를 미루지 말라고 했던 약속을 3번 어겼지? 그러니까 3대씩 3번, 9번을 맞아야 한다. 어서 종아리 걷어!"

남편은 아이들을 결코 무작정 때리지 않았다. 왜 맞아야 하는지, 몇 대를 맞아야 하는지 자세히 알려주었다. 약속한 매를 때리고 나서는 꼭 아이를 안고 기도하고 위로해주었다. 물론 남편도 사람인지라 자신이 아이들과 한 약속을 정확하게 지키지 못하고 감정적으로 반응할 때도 있었다.

요한이 초등학교 2학년 때 동네 아이들과 남의 집 담을 넘어가서 병아리를 놀라게 한 적이 있었다. 당시 요한은 친구와 같은 색깔의 셔츠를 입고 있었는데, 아주머니는 병아리를 놀라게 한 주범이 요한이라며 펄펄 뛰었다. 요한은 결백을 주장했지만 아주머니가 그렇다는데 반박할 도리가 없었다.

"목사 아들이 말이야, 응? 친구들한테 모범을 보여야지. 담을 넘고 병아리를 놀라게 하면 돼? 그 집에선 애 교육을 대체 어떻게 시키는 거예요?"

"목사 아들" 운운하던 대목에서 결국 남편의 피가 거꾸로 솟아올랐다. 그러더니 아주머니가 갖고 있는 막대기를 뺏어서 요한을 가차없이 때리기 시작했다. 요한은 "내가 한 게 아니라고요. 친구가 병아리를 놀라게 했다는데 왜 제 말을 안 믿으세요"라고 항변했지만 이미 화가 날 대로 난 남편은 인정사정없었다. 눈앞에서 자기 아들을 때리는 남편을 보고 민망해진 아주머니는 집으로 돌아갔고 남편도 막대기를 놓고 방으로 홱 들어가 버렸다.

요한은 내게 "엄마, 내가 그런 게 아냐"하면서 서럽게 울었다. 요한의 말을 들어보니 아주머니가 오해한 듯싶었다. 요한이 누명을 쓴 것도 억울했지만 남편이 아이 말을 믿지 않고 일방적으로 매를 댄 것에 속이 상했다. 하지만 나는 그때 남편을 그냥 내버려두고 요한을 달래주었다. 곧바로 남편에게 따지고 들면 부부 싸움이 날 게 뻔했기 때문이다.

"요한아, 엄마는 너의 말을 다 믿어. 하지만 아버지에게 맞은 걸 기억하지 말고 하나님 앞에 네 자신을 떳떳하게 드러내렴. 주님은 너의 모든 행동을 지켜보고 계시니 그 분이 네 결백을 증명해주실 거야."

요한이 억울한 일이 있으면 마음속에 삭히는 반면, 요셉은 아버지에게 할 말은 다 하는 스타일이다. 유학을 마치고 귀국해 교회에서 일할 때도 아버지와 다툴 정도로 자기 의견을 당당하게 말하곤 했다. 그런 형을 보면서 요한도 나름대로 자신을 내세우려고 했지만, 아버지 앞에만 서면 좀처럼 기를 펴지 못했다. 지금 돌이켜보면 남편이 그런 요한을 형과는 좀 다른 방법으로 체벌하는 게 좋지 않았을까 하는 생각도 든다.

애설도 딸이라고 체벌에서 예외가 아니었다. 중학교 다닐 때 교회에서 반주를 하다가 버스가 끊겨서 집까지 걸어온 적이 있는데, 노심초사하는 남편과 나를 못 본체하고 제 방문을 쾅 닫고 들어가 문을 잠가버렸다. 딴에는 버스가 끊겨서 걸어온 데 대해 화가 난 것 같았지만, 남편은 딸이 방문을 잠그고 열어주지 않는 태도가 무척 거슬렸던 모양이다.

"너 이게 뭐하는 짓이냐. 어서 방문 열지 못해? 아니면 아버지가 망치로 이 문 부순다."

하가 난 남편이 몇 번이나 문을 열라고 했는데도 딸은 쉰징했다. 안 되겠다고 생각한 남편은 진짜로 신발장에서 망치를 가져와 손잡이를 부숴버렸다. 애설은 망치로 방문을 따고 들어온 아빠에게 기겁했지만, 남편은 아랑곳없이 딸에게 늦게 들어온 이유와 방문을 잠근 일에 대해 다그쳤다. 결국 애설이 엉엉 울면서 용서를 비는 것으로 사건 종료. 애꿎은 문을 고치는 데 5만 원이 들었다.

아이를 무조건 때리지 마라?

잠언 23장 13~14절 말씀에는 "아이를 훈계하지 아니치 말라. 채찍으로 그를 때릴지라도 죽지 아니하리라. 그를 채찍으로 때리면 그 영혼을 음부에서 구원하리라"라고 했다. 나는 체벌의 절대 금지는 반대하는 편이다. 거기엔 아이들의 교육적인 목적도 있지만, 아버지로서 남편의 권위를 세우기 위한 이유가 포함돼 있다. 어떤 이유에서든 아버지는 분명한 목적이 있어서 아이들을 혼내는 건데 어머니가 옆에서 말리면 아이들에게는 혼란이 될 수 있다.

아이가 어느 정도 뚜렷한 인격을 갖추기 전까진 '아버지의 말씀은 순종하는 것이 옳다' 는 생각을 갖도록 만들어야 하고, 거기서 엄마의 역할이 중요하다고 생각한다. 엄마의 역할이란 아이들이 야단맞고 나면 다독이면서 위로해 마음에 앙금이 남지 않도록 해주는 것이다.

우리 부부는 아이들이 중학교에 들어간 이후부터는 체벌을 하지 않았다. 그만큼 반듯하게 자란 이유도 있지만, 사춘기에 심하게 나무라면 자칫 엇나갈 수도 있기 때문이다.

그럼 자녀들은 체벌의 경험을 어떻게 기억하고 있을까?

한 번은 딸 애설에게 어린 시절 아버지의 체벌이 어떤 효과가 있었는지 물었던 적이 있다. 세 딸의 어머니인 애설은 다행히 그런 아버지의 교육 방식이 어른이 된 이후 자녀들에게 신앙훈련을 시키는 좋은 모범이 되었다고 말했다.

"아버지는 체벌을 하면서도 늘 하나님 앞에서 행동해야 한다는 사실을 기억하도록 하셨어요. 때문에 제 자신이 자율적으로 이를 지킬 수 있는 마음을 먹게 되었죠. 하지만 저는 아이들을 매로만 다스리면 부작용이 있기 때문에 다양한 방식으로 체벌을 해요. 예를 들면 반성할 수 있는 기회를 주는 '생각하는 의자'에 10분을 앉게 하거나, 일정 시간 방에서만 머물도록 하는 거예요."

요셉은 이에 대해 좀 더 구체적으로 말해주었다.

"아버지가 손으로 때리지 않고 혁대로 때린 건 지혜로운 일이었다고 생각해요. 손은 직접적으로 감정이 전해지기 때문에 마음에 상처가 남을 수 있지만, 혁대는 '체벌하는 수단'으로만 기억될 뿐, 앙금이 따로 남진 않거든요. 저는 잘못을 저질렀을 때 아버지가 무섭다기보다 혁대가 무서워서 다시는 그러지 말아야겠다고 생각했어요."

요한은 "잘못했을 때 맞는 건 당연하다고 생각했지만 매를 맞는 것은 싫었다"고 말했다. 하지만 병아리 사건은 여전히 아들의 마음속 한 구석에 남아 있는 것 같았다. 요한도 아이가 잘못하면 회초리로 따끔하게 때리면서 잘못을 지적해준다고 말했다.

세 아이들이 손자를 교육하는 것까지 지켜봐온 결과, 나는 체벌이 어떤 부작용에도 불구하고 장점이 더 많다는 점을 인정하게 되었다. 만약 아이들 체벌 문제로 고민하고 있는 사람이 있다면, 이런 내 경험이 참고가 되었으면 좋겠다. 체벌로 아이들 인격이 손상된다고 말하는 이들도 있지만, 체벌을 통해 아이가 하나님 앞에 올바른 인격을 가질 수 있다면 언제고 남편에게 매를 쥐어주어야 한다.

제6장
교육자
트루디

기독교 교육의 원칙

　나는 겉모습만 보면 주름 많고 펑퍼짐한 옷을 입고 다니는 영락없는 할머니다. 하지만 유치원을 시작하고 요셉이 교목으로 일하는 수원중앙기독초등학교에서 학생들을 돌보면서, 학교의 대소사를 아들과 함께 논의해야 하는 입장이 되어버렸다.

　나를 잘 모르는 사람들은 교육학을 전공한 내가 당연히 유치원을 세운 것이라 생각하지만, 사실 유치원은 내 소망이라기보다 학부모들의 간절한 바람에서 시작하게 된 것이다. 인계동에 살 당시 다른 교회에서 유치원을 운영하고 있다는 말을 들은 교인들이 "우리 교회도 유치원을 세워달라"고 간청한 것이다.

　나 역시 아이들이 어릴 때부터 영어를 배우고, 하나님의 말씀을 배우는 일이 중요하다는 인식을 갖고 있었기에 유치원 설립과정은 일사천리로 진행되었다. 뜻 있는 교인들의 헌금으로 돈이 모이고, 1년 남짓 건물을 지어 마침내 유치원을 개원하게 된 것이다.

　하지만 가장 중요한 건 교사 채용과 커리큘럼의 문제였다. 유치원 교사를 뽑을 때 내가 정한 원칙은 딱 하나였다.

　'이 사람은 하나님께 교사 소명을 받은 사람인가?

우리는 가급적이면 CCC나 IVF 등 대학 선교단체 출신을 우선 선발하려고 했다. 사람을 뽑을 땐 기독교 교육계에서 경험 많으신 분들과 함께 7~8명이 공동 면접을 진행했다. 서류 심사과정에서 좀 신기했던 점 하나를 얘기하면, 지원자 대부분이 경상도 출신이라는 것이었다. 특별히 지역 제한을 둔 것도 아닌데 지금 생각해도 풀리지 않는 '미스테리(?)'다.

마침내 고르고 고른 12명의 면접자들이 한 명씩 면접실로 들어섰다.

"교사의 권위와 아이들의 권익이 충돌할 때 어느 쪽을 택하는 게 옳다고 생각하나요?"

"하나님이 당신을 교사로 부르신 이유가 무엇이라고 생각하나요?"

면접을 볼 때는 주로 신앙적인 면을 중심으로 보았고, 경험의 유무는 크게 염두에 두지 않았다. 경력보다 중요한 것은 아이들을 사랑하는 마음이라고 생각했기 때문이다. 단, 내가 딱 하나 제한을 둔 것이 있었는데 영유아기의 자녀가 있는 이들에게 면접 기회를 주지 않았다. 자녀들이 자란 뒤 엄마가 사회생활에 도전하는 건 좋은 일이지만, 성장기에 있는 아이들이 엄마의 사랑을 받지 못하면 비뚤게 자랄 위험이 있어서이다. 때문에 그 지원자들에게는 아이가 취학연령이 된 이후에 지원해달라고 양해를 구할 수밖에 없었다.

다행스럽게도 유치원 운영이 성공을 거두면서 매교동에서 원천동으로 부지를 구입해 유치원 규모를 넓힐 수 있었다. 2년 동안 공사를 했는데 수원중앙기독초등학교와 원천침례교회가 유치원과 함께 건물을 사용하게 되었다. 초등학교의 경우 처음엔 3학년제로 운영되다가 개교 이듬해 4년으로 늘렸고, 몇 차례 변화를 겪으면서 6학년 체제를 갖추게 되었다. 매교동 건물보다 부지도 넓고 규모도 크기 때문에 건축과정에서 이런 저런 우여곡절이 많았다. 하지만 교인들의 헌금과 하나님의 은혜로 유치원과 학교는 매년 조금씩 성장하는 중이다.

유치원보다 개교가 늦었던 초등학교는 준비 과정에서 많은 고민을 할 수밖에 없었다. 가장 신경이 쓰였던 부분은 "기독교 학교라는 걸 무엇으로 증명할 것인가"였다. 나는 요셉과 이 질문을 붙들고 오랫동안 하나님께 기도했다.

우리는 우선 채플과 성경 시간을 없애자는 점에 합의했다. 하나님을 단순히 채플과 성경 시간에 가둬둘 순 없기에, 어렵지만 삶과 신앙을 통합하는 길로 들어서기로 했던 것이다.

요셉과 내가 처음에 세웠던 원칙은 다음과 같다.

첫째, 수업의 시작과 끝은 반드시 기도할 것.

둘째, 날마다 큐티로 하루를 시작할 것.

셋째, 아이들을 예수님의 마음으로 사랑할 것.

어떤 이들은 "아이들이 어릴 때 신앙교육을 엄격하게 하는 것보다는 아이답게 자랄 수 있도록 도와주는 것이 중요하다"고 말한다. 부분적으로는 맞는 말이지만 나는 아이들을 기도와 말씀으로 훈육하는 것이 꼭 필요한 일이라고 본다.

아이들이 기도할 수 있을까?

어른들처럼 절실하게 하나님을 부르짖을 수 있을까?

지루해하거나 싫증내진 않을까?

이런 질문은 아마 어른들의 괜한 걱정 때문일 것이다. 아이들은 달콤한 음식이나 흥미로운 만화 못지않게 기도에 집중할 수 있다. 나는 이런 사실을 수원중앙침례교회에서 사역했던 한 여전도사를 통해 배웠다.

현직 소령의 아내였던 그는 기도에는 어른 아이 할 것 없이 예외가 없다고 믿는 분이었다. 어느 여름성경학교 마지막 날, 인형극을 하던 중에 이 전도사님은 아이들에게 강한 회개기도를 요청하면서 "30분간 통성기도를 하자"고 제안했다. 갑작스러운 진행에도 놀랐지만, 나는 아이들이 정말 회개기도를 할 수 있을지 걱정이 되었다. 하지만 곧 아이들은 내 눈앞에서 통곡을 하면서 회개기도를 하기 시작했다.

"하나님 아버지, 사랑해요, 저를 구원해주셔서 감사해요."

"아버지, 저의 연약함을 고백합니다. 저는 보잘것없지만 주님이 쓰시겠다고 하실 때 어린 나귀처럼 언제나 순종하기를 원합니다."

아이들은 기도할 수 있다. 그것도 어른 못지않게 훌륭하게 하나님 말씀을 자신의 삶에 적용할 줄도 안다. 그때 아이들은 구원의 감격으로 기도했지만, 그 모습을 보던 나는 아이들을 과소평가한 내 자신이 한없이 부끄러웠다.

어린 아이라고 해서 기도와 말씀의 기준을 낮게 잡을 필요는 없다. 어쩌면 어린 아이들이야 말로 말씀을 있는 그대로 순전하게 받아들이는 영적인 마음을 갖고 있는 게 아닐까. 때문에 예수님께서도 '어린 아이가 내게 오는 것을 금하지 말라' 고 말씀하셨던 것이다. 그 일 이후로 나는 아이들의 영적 체험을 제한하지 않으려고 노력하게 되었다.

나는 내가 원장으로 일하는 유치원이나 요셉이 교목인 수원중앙기독초등학교는 모두 '기도로 출발한 교육기관' 이라고 말한다. 물론 이렇게 되기까지의 과정이 늘 순탄했던 것만은 아니다. 우리 학교를 고급 사립 초등학교 정도로 알고 등록한 학부모들은 학교의 기독교 교육에 강하게 반발했다.

"아니, 학교에서 어떻게 단군 신화가 거짓말이라면서 교과서를 찢으로고 가르칠 수 있는 겁니까? 예수 믿는 아이들은 기초상식이 없어도 괜찮다는 얘긴가요?"

"저도 교회를 다니지만 창조 순서를 외우는 걸 숙제로 내주는 학교를 이해할 수 없네요. 맨날 기도만 하면 수업은 대체 언제 하실 생각이죠?"

어떤 일은 사과로 매듭을 지어서 겨우 모면했지만 보다 근본적인 문제는 따로 있었다.

하루 종일 찬양만 한다는 반이 있는가 하면, 또 다른 반은 하루 종일 기도만 하기도 했다. 한 번은 한 교사가 아이들을 교실에 내버려 둔 채 학교 기도실에서 1시간 30분을 기도하는 어처구니없는 일이 벌어지기도 했다.

요셉은 이 일로 단단히 화가 난 상태였다. 아무리 선교 단체에서 신앙 훈련을 강하게 받았다고 하지만 수업시간을 지키지 못하는 건 교사의 자격요건에 문제가 있다고 밖에 볼 수 없었다.

요셉과 나는 그 일로 인해 개교 당시부터 고민해온 문제에 다시 한 번 맞닥뜨릴 수밖에 없었다. 바로 '현재 있는 교재로 기독교 교육을 어떻게 효과적으로 해낼 것인가' 하는 문제였다. 교재에 억지로 말씀을 끼워 넣는 건 어울리지 않을뿐더러 효과적이지도 않다고 판단

한 나는 요셉에게 다음과 같이 제안했다.

"차라리 교재를 만들지 말자. 교재가 좋다고 해서 기독교 교육을 할 수 있는 건 아니야. 그렇다고 우리가 이제 와서 수많은 돈을 들여서 기독교 교재를 만드는 건 바람직하지 못해. 기독교 과학을 가르치는 것보다 중요한 건 교사의 마음을 통해 아이들이 참된 교육을 받는 일이야."

"어머니, 저도 같은 생각이에요."

요셉과 나는 난관을 극복하기 위해 교사들과 수차례 세미나를 열었다. 거듭된 고민을 통해 우리는 "단순한 정보가 아닌 하나님의 말씀과 체험을 중시하는 커리큘럼을 구성한다"는 원칙을 세우게 되었다.

장애 아이들도 하나님의 자녀

수원중앙기독초등학교와 중앙기독유치원에서는 모두 장애 아이들과 비장애 아이들을 통합교육 한다. 우리나라는 여러 가지 이유로 일반 학생과 장애 학생을 분리시키지만, 나는 기독교의 교육은 모든 아이들에게 공평한 교육의 장을 제공해야 한다고 믿고 있다.

나는 오래 전 한 초등학교 교사를 통해 이러한 사실을 배웠다. 당시 수원에 있는 한 초등학교에서 국어를 가르쳤던 그 교사는 학교가 끝나면 자전거를 타고 장애 아이들이 있는 가정을 방문해 1시간 남짓 개인수업을 했다. 어느 날 그 교사가 나를 찾아와 "장애 아이들을 위한 반을 만들면 어떻겠느냐"고 제안을 해왔다.

"중앙기독유치원이 지역 학부모들에게 잘 가르친다는 소문이 꽤 났더군요. 하지만 제가 가르치는 장애 아이들은 특별한 교육의 혜택을 받지 못하고 있습니다. 원장님이시라면 장애 아이들을 위한 교육을 해주실 수 있을 거라고 믿습니다."

그때는 유치원을 개원한 지 12년 정도 지났을 무렵이었다. 나는 뒤늦게 한 교사의 입을 통해서 그런 깨달음을 얻게 된 것이 몹시 부끄러웠다. 중앙기독유치원이 지역에서 좋은 소문은 많이 났지만, 정작 소외된 아이들을 품고자하는 일에 소홀했던 건 아닌지 돌아보게 되었다.

"물론입니다. 선생님께서 도와주시면 지금 당장이라도 반을 만들고 싶습니다."

우리는 이듬해 특수교사를 채용하고 장애아동 9명을 입학시켰다. 처음엔 일반 학생들과 따로 반을 구성해 운영했지만, 비장애 아이들과 장애 아이들이 한데 어울리면서 서로 배울 점이 많을 것 같아 각

반에 장애 아이를 한 명씩 배치시켰다. 장애 아이와 비장애인 아이가 서로 한 반에 있다는 사실을 알고 놀라는 이들도 있지만, 이는 생각보다 많은 유익을 가져다주었다.

아이들은 일상생활의 모든 부분을 함께 공유하며 서로에게 적응하는 법을 배운다. 장애가 없는 아이는 몸이 불편한 아이를 도우면서, 장애가 있는 아이는 옆 사람과 더불어 생활하는 법을 배우면서 성숙한 인격체로 성장해갔다. 특수교육을 전공한 교사가 아이들끼리 문제가 생기면 함께 불러 갈등을 해결해주기도 했다.

신기한 것은 당시 비장애 아동 학부모들 중에 이를 불편해하는 사람이 아무도 없었다는 것이다. 주변에서는 흔히 "장애아동을 받으면 비장애아동 학부모들의 반대가 심하지 않느냐"고 묻곤 하지만 유치원을 옮기기는커녕, 항의 한 번 하는 학부모가 없을 정도로 모든 것이 순탄하게 돌아갔다.

물론 장애 아이와 일반 아이를 통합 교육하는 건 쉬운 일이 아니다. 시설 면에서도 그렇고 인력 활용 면에서도 비용과 노력이 두 배로 든다. 하지만 애초 경제적인 합리성을 따질 것 같으면 유치원도 학교도 시작하지 못했을 것이다. 나와 요셉은 "우리 많은 사람이 그리스도 안에서 한 몸이 되어 서로 지체가 되었느니라"(로마서 12:5)라는 말씀을 붙들고, 하나님이 계획하신 생명을 모두 돌보겠다고 결심한 상태였다.

장애 학생을 뽑을 때는 다른 입학 조건만 살펴볼 뿐, 장애 정도는 특별히 개의치 않는다. 입학 시기가 되면 담임선생님은 올해 입학하는 장애 학생들이 무엇을 좋아하고 무엇을 싫어하는지 부모님에게 꼼꼼하게 챙겨 듣고 아이에게 맞는 맞춤형 교육과정을 짠다.

처음 통합 수업을 할 때 교사들이 반 아이들과 꼭 함께하는 놀이가 있다. 바로 난파선 놀이다. 배가 가라앉는다는 설정 아래 어떻게 하면 가장 많은 생명을 구할 수 있는지 여럿이 함께 참여하는 놀이다. 각 팀에는 시각 장애인과 신체 장애인이 한 명씩 있다고 가정한다. 배의 안과 밖을 구분하기 위해서 고무줄을 높이 든다. 배 밖으로 나가는 사람은 이 고무줄을 건드리면 안 된다.

"일단 몸이 불편한 애부터 내보내야지."
"아냐, 눈이 안 보이는 애가 혼자 남으면 안 되잖아."

놀이를 시작하면 아이들은 마냥 분주해진다. 마치 정말로 난파선에 갇힌 아이들처럼, 누구를 먼저 구하고 어떻게 해야 많은 생명을 구할지 머리를 맞대고 고민하는 것이다. 게임의 정답이 궁금했다.
제일 먼저 건장한 아이가 혼자 힘으로 배 밖으로 나간다. 그리고 배 안에 있던 아이들이 힘을 합해 시각장애인과 신체장애인을 구출해낸다. 대개는 한두 명이 구출되는 과정에서 시간이 종료된다. 이를 지켜보는 교사들은 숨을 죽이면서 아이들의 구출작전을 마음속으로 응원한다.

어른인 교사들의 도움 없이도 아이들은 제일 먼저 누구를 구해야 하는지 잘 알고 있다. 중요한 건 "어려운 일이 생겼을 때 약한 사람을 먼저 도와야 한다"는 희생정신이다.

유치원 교사는 특별한 사명이 필요한 일

아이들끼리 가끔 교실 안에서 다툴 때가 있다. 그럴 때는 담임선생님의 재량껏 문제를 해결하도록 하는 게 원칙이다. 유치원 아이들은 대개 벌을 받으면 교실 뒤에 서 있거나 벽을 보게 하는 경우가 많다. 수업이 끝나면 담임교사가 두 아이를 데리고 나가서 화해하도록 이끌어준다.

만약 교사의 역량에 문제가 있다면 아이들에게 곧바로 문제가 생기게 마련이다. 수원중앙기독초등학교의 교사들은 일반 교사들과 달리 하나님께 받은 소명의식으로 아이들을 가르치기 때문에 개개인의 영성이 반드시 필요하다.

한 번은 이런 소명의식을 갖지 못한 평범한 교사를 채용한 적이 있다. 그는 교사로서의 역량은 충분했지만 아이들을 사랑하는 마음이 부족하다는 게 문제였다. 뽑을 당시에는 그걸 몰랐는데 시간이 지나면서 차츰 이런 면이 드러났다. 오후에 교실을 돌다가 유난히 분주하고 소란스러운 교실이 있다 싶으면 어김없이 그 교사가 거기에 있었던 것이다.

'저 선생님은 왜 아이들에게 관심이 없을까?

나는 며칠 동안 그 교사를 묵묵히 지켜보기로 했다. 주변 동료들에게 그 교사에 관해 물어보았더니 한결같이 "선생님이 의욕이 없고 그 반 아이들이 자주 말썽을 피운다"는 대답이 돌아왔다. 여러 차례 그런 모습을 확인하고 난 뒤 조용히 그 교사를 내 방으로 불렀다.

"일이 힘들죠? 아이들이 말썽도 자주 피우고…, 어때요?"

나는 분위기를 부드럽게 만들려고 건넨 말이었는데, 그 교사는 갑자기 눈물을 흘리며 울기 시작했다.

"원장님…. 죄송해요. 제가 아이들을 제대로 가르치지 못했어요."

그는 이미 자신이 문제가 있다는 사실을 알고 있었다. 사연을 들어보니 얼마 후 약혼자랑 결혼을 앞두고 있어서 아이들에게 마음을 쏟을 여력이 없었다고 했다. 아이들을 무성의하게 가르치는 그 자신도 속으로는 무척 괴로워했던 모양이다. 결국 그 교사는 자신의 업무를 정리하고 한 달 만에 교사 일을 그만두게 되었다. 전부터 결혼을 하면 일을 그만두리라고 계획해둔 상태였다고 한다.

유치원 교사의 자격을 꼽으라면 첫째도, 둘째도 아이들을 향한 지

극한 사랑이다. 아이들이란 원래 매 순간 어디로 튈지 모르는 성향이 있기 때문에, 선천적으로 아이를 좋아하는 마음이 없다면 교사 일을 하기 힘들다. 또한 장애 아동의 경우 하나님의 말씀을 갖고 아이들을 붙들지 않으면 올바로 성숙시키기 어려운 게 사실이다.

소명을 가진 교사들이 낙심하는 일이 없도록 나는 매일 저녁마다 하나님께 무릎을 꿇고 기도한다.

'주님, 교사들이 아이들을 형식적으로 대하지 않고 예수님처럼 섬길 수 있도록 도와주세요. 예수님께서 아이들을 품으셨듯, 교사들도 사랑으로 아이들을 안을 수 있도록 이끌어주세요.'

통합교육의 중요성

수원중앙기독초등학교에 다니던 장애아동 중에 특별히 잊을 수 없는 아이가 있다. 이름은 준원이. 여느 자폐성 장애 학생들과 달리 너무도 얌전해서 늘 눈길이 가는 아이였다. 준원이는 학습 능력이 좀 떨어지는 점만 빼면 나무랄 데가 없었다.

하루는 몇몇 학부모들이 아이들의 수업 모습을 참관할 일이 있었다. 아이들은 저마다 엄마를 발견하고는 손을 흔들면서 반가워했다.

하지만 준원이는 어쩐 일인지 제 엄마를 발견하고도 담임선생님 얼굴만 뚫어져라 보고 있는 것이다.

그 모습을 보고 있는 나 역시 적잖은 충격을 받았다. 자폐아 중에는 간혹 놀라운 집중력을 보이는 아이들이 있긴 하지만, 준원이는 그런 쪽과는 거리가 있었다. 담임교사는 준원이의 행동을 변호해주려고 준원이 어머니에게 "우리 반에서 집중력이 제일 좋은 학생"이라고 자랑했다. 하지만 준원이 어머니는 "아마, 약을 먹어서 그럴 것"이라며 울먹였다.

"사실 준원이는 조울증이 있어요. 기분이 좋으면 개구리처럼 뛰다가도 슬프거나 화가 나면 손에 잡히는 물건은 무엇이든 닥치는 대로 아무데나 집어던지는 고약한 버릇이죠. 하지만 학교를 가려면 약물치료를 받아야 하잖아요. 그 덕분에 집안도 조용해지고 다행이다 싶었는데 저런 모습일 줄은…."

그 후 며칠 뒤, 준원이 어머니는 준원이가 약을 끊을 것이라고 전해오셨다. 그러면서 준원이가 약물의 힘이 아닌, 주님의 능력을 통해 학교생활을 잘 할 수 있게 해달라는 기도를 부탁히셨다. 학교에서는 준원이 어머니의 결정에 박수를 보내며, 준원이가 학교생활에 적응하는 데 교사들이 모두 힘을 보태기로 했다.

약을 끊은 준원이는 평소와 180도 다른 모습을 보이기 시작했다.

수업시간에 책상을 두드리고, 갑자기 소리를 지르며 교실 안을 뛰어다녔다. 벽에 온통 사인펜칠을 하거나, 바닥에 침을 뱉고 문지르기를 반복했다. 준원이가 10분도 가만히 앉아 있지를 못하면서 반에서 수업을 진행하기 어려운 상황이 되었다. 그런 모습을 누가 나무라기라도 하면 곧바로 바지에 오줌을 싸니 더욱 큰일이었다.

나는 준원이를 위해 하나님께 무릎을 꿇고 기도했다.

"주님, 준원이가 그동안 약물에 눌려 있었어요. 그 어머니는 얼마나 가슴이 아플까요? 주님께서 '채찍에 맞으므로 우리가 나음을 받았도다' 라고 하셨으니 준원이가 하루 속히 나을 수 있도록 도와주세요."

요셉과 나는 주위의 모든 사람들에게 도움을 요청했다. 다름 아닌 중보기도 요청이다. 준원이 동생도, 누나도, 아버지도 우리의 부탁을 받고 새벽기도를 시작했다. 반 친구들에게도 상황을 설명해주고 도움을 구했다.

"너희도 주사 맞으면 아파서 소리 지르고 울지? 준원이도 지금 하나님께 치료받고 있는 중이야. 아파서 그러는 거니까 너희가 이해해주렴. 하나님은 너희들을 통해 준원이를 변화시켜 주실 거야."

다행히 아이들도 준원이가 처한 상황을 속 깊게 이해해주고 있었다. 그때부터 나와 선생님들, 그리고 아이들이 모두 힘을 합쳐 공동

작전을 세웠다. 준원이가 선생님 말을 듣지 않으면 친구들이 모두 함께 말해주기로 한 것이다.

"준원아, 자리에 앉아!"

"준원아, 그러면 안 돼!"

무턱대고 비난하거나 나무라는 것이 아닌, 마치 소년소녀 합창단의 화음처럼 아이들의 목소리는 맑고 고왔다. 준원이는 신기하게도 혼자서 바닥을 뒹굴다가도 아이들의 합창 소리에 곧장 태도를 바꾸었다.

나는 준원이를 한동안 지켜본 결과 준원이 행동에 특별한 점이 있다는 것을 알게 되었다. 준원이가 뭔가를 집어던지면 꼭 주위를 둘러본다는 것이다. 마치 사람들이 자기를 보는지 안 보는지 주시하고 있는 것처럼. 나는 속으로 '이 녀석이 주변의 관심 때문에 그럴 수도 있겠다' 고 생각했다. 그 이후 담임교사와 나는 전략을 급하게 수정했다.

"애들아, 앞으로는 준원이가 어떤 행동을 하든지 절대로 관심을 보여선 안 돼. 투명인간 알지? 준원이는 이제 말썽 피울 때마다 투명인간이 되는 거야. 너희들이 준원이가 투명인간이 될 수 있도록 도와주면, 준원이가 말썽을 피우지 않을 거야."

담임교사는 아이들에게 단단히 당부한 뒤, 준원이가 난리를 피울 때마다 본체만체하도록 했다. 또 준원이가 불평하는 모든 사항에서 준원이에게 스스로 선택권을 주었다.

“밥 먹으러 갈래?”

“싫어요.”

“그럼 교실에서 공부하다가 갈까?”

“그건 좋아요.”

이런 방법이 효과가 있었는지, 그 이후로 준원이가 교실에 오줌을 싸는 횟수가 눈에 띄게 줄어들었다. 준원이 어머니는 학교를 찾을 때마다 미안해하면서 고개를 들지 못했지만, 교사들은 밝게 웃으며 어머니를 위로했다.

“어머니, 준원이가 요즘엔 오줌을 하루에 두 번만 싸요. 점점 좋아지고 있어요.”

준원이 어머니는 끝내 참았던 눈물을 터뜨리면서 이렇게 말씀하셨다.

“준원이가 일주일 내내 오줌 안 싸면 제가 떡 잔치할 거예요.”

그로부터 일주일 뒤, 하나님의 은혜로 기적 같은 일이 벌어졌다. 준원이가 수업 중 벌떡 일어나 어눌한 목소리로 이렇게 외쳤다.

“나, 화장실!”

선생님과 친구들은 준원이의 그 말을 듣고 너무 좋아서 하마터면 소리를 지를 뻔했다. 바닥에 제멋대로 오줌을 싸던 준원이가 처음으로 화장실에 가고 싶다고 말한 것이다. 비록 하루에 열두 번을 넘게 화장실을 갈지언정, 그날 이후 교실 바닥에서 실수하는 일은 일어나지 않았다. 준원이 어머니는 너무나 고맙다면서 반 아이들에게 떡잔치를 베풀어주셨다. 나는 하나님께 감사하면서 준원이로 인해 부쩍 성숙해진 아이들이 무척이나 대견했다.

'주님, 감사합니다. 우리는 준원이를 무조건 바꾸기보다, 준원이의 있는 그대로의 모습을 받아들이면서 존중하고 사랑하는 법을 배웠어요. 준원이가 앞으로 더욱 성장해서 세상의 편견과 부당함을 이기고 주님의 사랑스러운 자녀로 성장하도록 지켜주세요.'

엘리트 교육보다 중요한 공동체 교육

중앙기독유치원은 개원 때부터 미국이나 캐나다 출신의 교사들을 채용해 아이들에게 영어를 일찍부터 가르쳤다. 요즘은 영어유치원이 참 많지만 예전만 해도 고급 인력인 외국인 교사를 쓰는 유치원이 많지 않았다. 하지만 나는 돈이 좀 들더라도 아이들의 언어습관이 굳어지기 전에 외국어 학습을 하는 게 중요하다고 생각했다.

"유치원에서 미술교육 시간을 늘리는 게 어떨까요?"

미술을 전공한 큰 며느리가 어느 날 내게 이렇게 말했다. 당시에도 미술 시간이 있었지만, 일주일에 한 번 꼴로 비중으로 따지면 큰 편은 아니었다.

"미술은 단순히 아이들 그림실력을 늘려주는 것뿐 아니라 인성, 감성 등 모든 면에서 긍정적 영향을 미치거든요. 미술을 일주일에 2회 이상 하면 아이들이 몰라보게 달라질 수 있을 것 같아요."

일리가 있는 제안이었다. 학부모들은 미술을 단순히 예체능과목 중 하나라고 생각하지만, 성장기의 아이들은 미술을 통해 좌뇌와 우뇌를 고루 발달시킬 수 있다. 초등학생만 보더라도 어려서 미술교육을 받은 아이와 그렇지 않은 아이는 확연하게 차이가 난다. 그 이후로 우리 유치원에서는 미술과 영어 교육을 비롯한 통합교육을 실시해 학부모들에게 큰 호응을 얻었다.

수원중앙기독초등학교의 특징 중 하나를 꼽으라면 개교 초기부터 협동학습을 시행해오고 있다는 점이다. 이는 아이들이 자발성과 적극성을 갖고 수업에 임함으로써 지적 능력을 최대화시키는 학습 방법이다. 학교에서 이러한 협동학습을 도입하게 된 것은 최병준 교사의 제안 덕분이었다. 그는 요셉과 나에게 협동학습의 효과를 직접 보여주었다.

우선 2인 1조로 아이들에게 문제지와 연필을 나눠준다. 한 명이 연필로 문제를 풀면 다른 한 명은 눈으로 풀고 그 다음에는 역할을 바꿔본다. 아이들에게 일부러 자료를 모자라게 준 다음 이를 활용해 아이들이 서로 협동 학습을 하도록 돕는 것이다.

최병준 교사는 수업이 끝난 후 모두 엎드리게 한 다음 이렇게 물었다.

"자기 짝이 이 단원을 잘 이해하지 못한다고 생각하는 사람"

그렇게 손을 든 아이는 짝을 데리고 나머지 공부를 하게 된다. 그런 다음 쪽지 시험을 보면 점수가 월등하게 높아졌다는 사실을 알게 된다. 이러한 방식을 일컬어 케이건 박사의 협동 학습법이라고 한다.

협동학습은 아이들이 스스로 학습을 할 수 있도록 동기부여를 해 학생 개개인의 지적 능력을 최대화시킨다. 또한 다른 사람의 지성을 자기 것으로 만들 수 있다. 협동 학습을 하는 이유는 학습 효과가 좋기 때문이기도 하지만, 협동 학습 과정 자체에서 공동체 교육이 이뤄지는 장점도 있다. 이는 아이들에게 '내가 잘 되기 위해 다른 사람을 누른다'는 경쟁사고가 아닌, '함께하기 때문에 더 나은 효과를 낼 수 있다'는 협동심을 배우게 한다.

물론 엘리트 지향적인 교육 체계에서는 이러한 협동 학습이 무의미하게 보일 수 있다. 우리 학교 역시 협동 학습 수업을 하면서 일부 학부모들의 항의 전화도 많이 받았다. 대개는 아이 교육에 열성적이고, 아이의 상급 학교 진학을 위해 내신 성적 관리를 철저히 하는 부모다. 부모의 입장에서는 '머리가 좋은 내 아이가 어째서 다른 아이 때문에 손해를 본단 말인가' 하고 생각할 수 있지만 실은 그렇지 않다.

상위권 학생들은 억지로 지식을 외우지 않아도, 다른 아이들과 함께 수업 내용을 복습하면서 지식을 내 것으로 만든다. '그 시간에 예습을 하는 게 더 효율적'이라는 건 틀린 말이다. 학생의 성적을 올리기 위해서는 예습보다 '그 날 배운 내용을 어떻게 내 것으로 소화하느냐'가 더욱 중요하기 때문이다.

실제로 아이들에게 협동학습 전후의 사진을 보여준 적이 있다. 그랬더니 협동학습을 했을 때 뇌 활동이 눈에 띄게 왕성하다는 사실을 알게 되었다. 이때 정작 놀라워하는 건 다름 아닌 협동학습을 하는 당사자인 아이들이다.

"우와, 선생님 저거 진짜인가요? 협동 학습 최고다!"

아이들은 뇌 사진을 보며 감탄사를 내뿜는다. 인근 중학교 선생님들조차 "수원중앙기독초등학교를 졸업한 아이들은 뭔가 다르다"는 칭찬을 한다. 특히 의사소통 능력, 문제해결 능력, 협동심 등이 뛰어나다는 얘기를 주로 한다. 그런 말을 들을 때마다 나는 속으로 '협동학습이 효과를 잘 거두고 있다'는 생각을 하게 된다.

아빠 캠프를 아시나요?

중앙기독유치원이나 수원중앙기독초등학교에 자녀를 보내고 싶어 하는 학부모들이 많다. 특히 입학시즌이 되면 학사일정 등을 문의하는 전화로 업무를 제대로 볼 수 없을 정도다. 이는 우리가 초기에 생각했던 원칙을 학교와 유치원에 잘 반영했기 때문에 얻은 결과다.

예비 학부모들은 흔히 농담 삼아 "학교에 입학하기가 낙타가 바늘구멍에 들어가는 것보다 어렵다"고 말한다. 한편으론 어쩔 수 없는 일이다. 우리 학교는 교육철학에서부터 과정 하나하나가 일반 학교와는 다르기 때문에, 일반적인 교육과정을 생각하는 학부모들에게 문턱이 높게 느껴질 수밖에 없다.

수원중앙기독초등학교에 자녀를 입학시키는 학부모라면 교회 출석, 봉사 등에 충실해야 하며, 별도의 심담을 통해 일정한 자격 요건을 모두 충족시켜야 한다. 특히 매년 3월에 있는 입학설명회에는 아버지가 꼭 참석해야 한다. 이렇게 말하면 혹자는 "먹고 사느라 바쁜 아빠들 불러서 무슨 소용이 있느냐"고 묻는다. 자녀 교육에 관심 많은 엄마들을 부르는 게 바람직하다는 얘기다.

물론 이 세상의 모든 아빠들은 바쁘다. 가장 노릇도 바쁜데 아이 입학설명회까지 참석하라니 좀 가혹한가 싶기도 하다. 하지만 이렇게 하지 않으면 아버지들은 자녀 교육에서 한 발 물러서게 된다. '애들 교육은 엄마가 알아서 하는 것'이라는 생각을 갖게 되는 것이다.

나는 그동안 한국에서 살면서 한국남자들이 아이 양육에 관한 전권을 아내에게 떠맡기는 게 얼마나 무모한 일인지 절실히 체감했다. 아이가 한 사람의 성인으로서 자라는 데는 엄마 아빠의 역할이 균등하게 필요하다. 그런데 아이가 '아빠는 돈 벌어오고, 엄마가 학원에 등록해준다'는 생각만 갖게 되면 인격 발달과정에서 삐거덕거리는 부분이 생기게 마련이다.

반면 아빠가 아이들 교육에 관심을 갖게 되면 가정 전체가 교육이라는 주제로 공통의 화제를 삼을 수 있다. 이 때문에 우리 학교에서도 아버지의 교육 참여를 무척 중요시하는 것이다.

아버지들이 3월에 입학 설명회를 들으면 7월에는 어머니 아버지가 각각 부모 교육을 받는다. 이때 외부 교육 전문가들이 참여해 세미나도 함께 이뤄지게 된다. 예전에 한 번 휘튼대학 교수님을 모신 적이 있는데, 기독교 교육과 부모, 자녀의 관계와 역할에 대해 매우 유용한 지적을 해주셨다.

교수님의 아들은 교육용 비디오인 〈베지테일〉 시리즈를 만든 분으로 성경의 여러 교훈을 다양한 캐릭터들을 통해 재미있게 전달해

전 세계적으로 큰 열풍을 일으켰다. 〈베지테일〉 시리즈는 예전에 우리나라에서도 교육방송을 통해 매주 방영된 적이 있다. 교수님은 사업에 실패한 아들의 일화를 언급하면서 다음과 같은 이야기를 들려주셨다.

"비디오 사업을 통해 그렇게 잘 나가던 아들이 한 순간에 무너진 뒤로는 견딜 수 없는 좌절과 패배, 슬픔을 맛보게 되었습니다. 구름처럼 아들을 둘러싸던 사람들이 하나둘씩 떠나기 시작했죠. 아들은 그제야 모든 사람이 떠난 뒤에도 가족만은 자신을 지켜 주고 지지해 준다는 사실을 알게 되었습니다. 그 아픔의 시간을 통과한 뒤 비로소 가족의 소중함을 체험한 것이죠."

교수님의 간증이 끝나자 목석같던 아버지들이 곳곳에서 눈물을 훔치는 모습이 보였다. 한쪽에서는 누군가 두 팔을 묻고 엉엉 소리를 내며 울어서 주변 사람들이 모두 쳐다보기도 했다. 한참 뒤에 그는 눈이 퉁퉁 부은 채로 주변 이들에게 자기 삶을 통렬하게 고백하기 시작했다.

"저는 S그룹의 부장입니다. 그동안 제 눈에는 오직 출세와 성공, 명예를 위한 목표들로 가득했습니다. 언제부터인가 제게 가족이란 사랑의 대상이 아닌, 그저 '내가 다 책임져야 할 입'이란 생각만 가득차게 되었죠. 아내와 아이들에게도 '내가 가장으로서 의무를 다하니 똑같이 책임을 다해 달라' 는 식으로 대했습니다. 저란 사람은 단 한 번도, 아내와 아이들의 얘기를 진지하게 대화해본 적이 없습니다."

그는 자신의 지난 삶이 무척 후회스럽다고 반성했다. 자신의 성공을 가정의 성공과 동일시하는 태도는 비단 그 아버지만의 실수는 아닐 것이다. 한국에 사는 대다수의 아버지들은 여전히 가족을 뒷전에 두고 성공과 명예를 향해 달리고 있다. 하지만 자신이 무엇 때문에 성공을 하고 부와 명예를 거둬야 하는지 그 목적을 잃어버린 삶은 그저 망망대해에서 표류하는 배와도 같다.

그 아버지는 후에 교수님과 이메일을 주고받으면서 좋은 친구 사이가 되었다고 한다. 물론 이보다 놀라운 건 그의 삶과 목표가 근본적으로 바뀌었다는 점일 것이다. 요즘도 매년 열리는 학부모 세미나에서는 이처럼 자신의 삶을 비로소 돌아보게 된 아버지들이 새롭게 거듭나고 있다. 수원중앙기독초등학교를 통해 이 땅의 잃어버린 영혼이 회개하고 돌아올 때, 하나님께서는 천국에서 얼마나 기뻐하실까?

우리 학교가 독특한 건 아버지들이 자녀 교육의 주체가 되도록 이끌어준다는 점이다. 요셉과 나는 어떻게 하면 아버지들을 교육 현장에 끌어들일까 고민하던 중 '아빠캠프'라는 아이디어를 떠올렸다. 아이가 엄마 없이 아빠와 둘이서 1박 2일을 보내면서 서로를 알아가는 시간을 갖는 것이다.

아빠가 안 계실 경우 큰아버지나 삼촌, 그도 안 되면 남자 선생님이 하루 동안 아빠가 되어 준다. 일단 아빠캠프가 시작되면 여자들은 출입 금지다. 그리고 가벼운 게임을 하면서 몸을 푼다. 하지만 평범한 아빠들에게는 첫 번째 관문이 결코 호락호락하지 않다. 자기 자녀의 친한 친구 이름을 알아맞히는 게임이기 때문이다.

"우리 집에 자주 왔던 애가 종민이지?"

"어휴, 종민이가 아니라 정민이야. 아빠는 매일 오는 내 친구 이름도 몰라?"

아빠들은 간혹 한 명이나 두 명쯤 맞힐까. 한 명도 못 맞히는 아빠들이 태반이었다. 이 게임을 통해 아빠들은 '내가 우리 애에 대해 이렇게 몰랐던가' 하는 자책감을 갖게 된다. 회사 일 때문에는 야근이나 밤샘을 하면서, 아이의 사소한 생활에 대해서는 거의 알지 못하는 것이 대한민국 아빠들의 현주소다.

아빠캠프의 클라이맥스는 바로 '모의장례식'이다. 아빠가 가상의 유서를 써서 발표하면서 '나'라는 존재가 아이와 스스로에게 어떤 의미를 갖는지 알게 되는 것이다. 한 번은 아빠캠프 참석을 위해 중국 출장 중 귀국한 어느 아빠의 유서가 나와 교사들의 가슴을 뭉클하게 했다.

"아들아, 처음 너를 만났을 때, 네 모습이 다른 아이들과 다르다는 걸 알고 하늘이 무너지는 줄 알았단다. 수많은 날들을 하늘을 원망하고, 운명을 저주하며 보냈지. 너를 무척 사랑하면서도 괴로움을 감당할 길이 없어 아빠는 너를 엄마에게 떠맡기고 바쁘다는 핑계로 밖으로만 돌았다. 그런데 하나님의 사랑이 나를 너에게 자꾸만 밀어주시더구나. 교회 중보기도를 통해, 부모 교육을 통해, 그리고 아빠캠프를 통해. 이제 내 마음은 너와 하나가 된 것 같다. 이전에 소홀했던 나를 용서하고 지금의 내 마음만을 기억해주렴. 내가 너를 얼마나 사랑하는지, 내가 너를 얼마나 기뻐하는지…. 전능하신 하나님, 간절히 비옵나니, 우리 아들보다 하루만, 단 하루만 더 살 수 있게 해주세요. 마지막까지 남아서 아이를 돌봐줄 수 있게 해주세요."

수원중앙기독초등학교 졸업생들이 가장 인상 깊게 여기는 게 바로 이 아빠캠프다. 요셉과 나는 아빠캠프를 통해 점차 변화되는 학부형들을 보면서 교육자로서의 보람을 느끼곤 한다. 좋은 건물과 훌륭한 교사들도 그렇지만, 이보다 아이와 학부모가 함께 참여하는 이런 행사들이 우리 학교가 가장 자랑스럽게 생각하는 큰 자산이 아닐 수 없다.

제7장

파이샵
트루디

교인들을 위한 쉼터를 만들다

유치원, 학교와 함께 내가 자주 가서 돌보는 곳이 또 한 군데 있다. 바로 아이들에게 빵과 쿠키를 제공하는 '파이샵' 이다. 파이샵은 내가 유치원과 학교에서 장애 아이들을 돕기 위해 마련한 곳이다. 여기서 판매되는 수익금을 통해 장애학생을 위해 특수교사를 채용하는 것이다. 요즘은 일정 규모 이상의 교회에는 대개 커피숍을 겸한 작은 파이샵이 많지만, 우리 건물 안에 있는 파이샵 만큼은 내게 매우 특별한 의미를 갖는 곳이기도 하다.

벌써 13년 전의 일이다. 당시만 해도 교회 안에서 성도들이나 아이들이 부담 없이 쉴 만한 쉼터가 없었다. 가끔 볼 때마다 몸이 안 좋은 불량식품이나 인스턴트식품을 먹는 아이들을 보면서 '파이샵을 열어야겠다' 는 생각을 갖고 있었다. 어릴 때부터 외할머니가 구워준 빵을 먹고 자란 나는 직접 만든 빵이야말로 어른아이 가릴 것 없이 좋은 영양 간식이 될 수 있다고 믿었기 때문이다.

"교인들을 위한 쉼터가 있었으면 좋겠어요. 그래서 파이샵을 열었으면 좋겠는데…."

남편에게 말했더니 옆 눈으로 나를 보았다.

"갑자기 무슨 파이샵?"

"애들도 먹고, 교인들한테 물어보니 다들 좋아하는 것 같아요. 수익금으로 유치원 운영에도 보태면 되지 않겠어요?"

"당신, 빵도 만들 줄 알아?"

"아뇨."

"사람 쓰려고?"

"아뇨."

"그럼?"

"직접 만들어야죠. 배워서."

남편은 갑자기 제빵을 배우겠다는 내가 의아한지 거듭 내 얼굴을 물끄러미 쳐다보았다. 나는 한 번 해야겠다고 마음먹은 건 곧바로 실천에 옮겨야 하는 사람이라, 남편의 침묵을 긍정적인 답변으로 해석하고 곧바로 일에 착수했다.

다행히 시집 온 뒤로 틈틈이 제빵을 배워놓은 터라 '왕초보'는 아니었다. 예전에 해봤던 메뉴들을 하나둘씩 다시 만들어보면서, 부족한 부분은 책을 보면서 혼자서 습득했다. 와플과 쿠키는 거의 3개월 가까이 매달렸더니 남 앞에 내놓을 만한 수준은 되는 것 같아 요셉에게 시식을 부탁했다.

"맛있는데요."

요셉이 각양각색의 쿠키를 보더니 놀랍다는 듯이 말했다.

"언제 이런 걸 다 배우셨어요?"

"파이샵에서 팔면 괜찮겠니?"

"그럼요, 훌륭해요. 아이들도 무척 좋아하겠어요."

입맛 까다로운 큰며느리도 샌드위치며 와플이 일반 빵집에서 파는 것 못지않게 맛있다고 칭찬 일색이었다. 신이 난 나는 남편에게 완성된 메뉴를 들이밀었다.

"이것 봐요. 내가 직접 만든 거예요."

바깥채비를 하던 남편은 힐끗 보고 말뿐 별다른 대답을 하지 않았다. 칭찬을 기대했던 나는 속으로 은근히 부아가 나서 이렇게 중얼거렸다.

'나중에 맛있다고 만들어달라고 하기만 해봐라.'

교회 건물 한 쪽에 작은 공간을 마련해 문을 연 파이가게는 교인들에게 무척 반응이 좋았다. 미국에서는 동네 어느 음식점을 가든 진열된 파이를 볼 수 있지만, 한국에서는 파이를 좀처럼 먹지 않는 것 같다. 나는 아이들이 다양한 파이를 맛보고 외국에 나가면 입맛도 훨씬 고급스러워질 거라고 생각했다.

자원봉사로 뽑은 교회 성도 2명과 함께 오전 8시부터 오후 5시까지 파이샵을 운영하기 시작했다. 제빵을 배워본 사람은 알겠지만 쿠키와 파이를 만들기 위해서는 무척 부지런하게 움직여야 한다. 일단 누구보다 일찍 나와서 반죽을 준비해야 한다. 쿠키와 파이의 맛은 바로 이 반죽에서 결정되는데, 아무나(?) 잘 할 수 있는 게 아니다. 나 역시 여러 번 실패의 쓴 맛을 본 뒤에 비로소 반죽다운 반죽을 만들 수 있었다.

반죽이 완성되면 내용물을 뜨겁게 데워진 오븐에 넣고 약 15분간 구우면 입에 착착 붙는 쿠키가 완성된다. 좋은 쿠키를 만들기 위해선 반죽도 중요하고, 과자를 굽는 과정도 중요하지만 무엇보다 기다림의 시간이 필요하다. 좋은 쿠키를 만들기 위해 온종일 쉼 없이 일하다가도 의자에 앉아 조용히 파이가 구워지길 기다린다.

물론 적당히 감을 보고 파이를 빼는 요령을 나도 갖고 있지만, 파이는 요령만 갖고 되는 게 아니다. 오랫동안 파이를 만든 나 역시 도중에 파이의 구기 맛을 확인하지 않고는 그냥 지나치지 않는다. 파이가 정확하게 구워질 때까지 일정한 수고를 들여야만 하는 것이다. 가끔 완성된 파이를 먹어보고 얼굴을 찌푸릴 때도 있다. 적어도 내 생각엔 파이 굽는 기술에서 만큼은 완벽한 프로란 없는 것 같다.

'하나님, 삶도 파이와 같지 않을까요. 아무리 수고하고 노력해도, 주님께서 열매를 거둬주실 때까지 기다려야 하는 거겠지요. 아무리 급해도 파이를 도중에 빼낼 수 없듯, 모든 일에는 주님께서 일하실 때까지 기다릴 수 있는 지혜를 주세요.'

일전에 어떤 책에서 '모든 일의 완성은 디테일에 있다'는 구절을 읽은 적이 있다. 디테일은 누구나 사소하게 여기기에 큰 노력을 기울이지 않지만, 이 디테일이야말로 최후의 완성도 1%를 좌우하는 것이 아닐까?

 ## 파이샵은 상담소

내가 파이샵을 운영하는 이유 중 하나는 사람들의 말을 더 잘 듣기 위해서다. '듣는다'는 것에는 눈과 귀와 마음을 하나로 기울여 최선을 다한다는 의미가 숨어 있다. 요즘은 자기PR시대라며 너도 나도 앞 다퉈 내 말을 들어보라고 요란 떨지만, 나는 상대방의 말을 잘 듣는 것이 현명한 말을 열 마디 하는 것 못지않게 중요한 것이라고 생각한다.

사정이 이렇다보니 파이샵은 이따금 학부모나 성도들의 상담의 장소가 되기도 한다. 다소 근심 어린 표정으로 가게를 들어서는 모습을 보면 '아, 저 사람은 오늘 무슨 일이 있구나' 하는 걸 금방 알게 된다. 반면, 싱글벙글 미소를 머금고 들어오는 사람을 볼 때는 '무슨 희소식이라도 전해줄 것 같다' 라는 직감이 온다.

한 번은 유치원 학부모 한 분이 파이샵에 와서 내게 이런 고민을 털어놓았다.

"요즘 저는 남편과도 잘 대화하지 않고 괜히 아이에게도 짜증을 내곤 해요. 꼭 우울증에라도 걸린 것 같아요. 어떻게 하면 좋을까요?"

얘기를 들어보니 가정에도 문제가 없었고, 근래 특별한 일이 있었던 것도 아니었다. 나는 '도대체 무엇이 이 사람의 마음을 침울하게 하는 걸까' 생각해보았다. 그리고 며칠 뒤 우연히 아이를 데리러 온 그 어머니를 유치원에서 마주치게 되었다. 나는 곧바로 다가가 인사를 할까 하다가, 멀리서 어머니의 모습을 관찰해보기로 했다. 그런데 조금 뒤 그 어머니에게서 매우 특별한 점을 발견할 수 있었다.

보통 아이를 데리러 온 유치원 어머니들끼리는 조금씩 친해지기 마련이다. 특히 아이들이 서로 친한 사이라면 부모의 사이도 대개 일정한 친분이 있다. 하지만 그 어머니는 여러 사람들 틈에서 유독 대화를 피하는 것처럼 보였다. 아이가 언제 나오는지 초조하게 시계를 보거나, 화장실에 몇 번씩이나 들락날락 하는 모습이 한 눈에도 불안해보였다.

  며칠 뒤 파이가게를 찾은 그 어머니를 만나 다시 이야기를 나누게 되었다.

  "자매님이 엄마들과 대화하지 못하는 이유가 뭐죠?"

  "네? 그걸 어떻게 아셨어요?"

  "며칠 전에 아이 기다리는 모습을 보고 이상하다고 생각했어요."

  "…"

  "무슨 문제라도 있나요?"

  "실은 제가 사람 관계가 매우 서툴러요. 말을 잘하지 못해서, 엄마들도 저와 얘기하는 걸 좋아하지 않아요. 그 때문인지 아이도 저를 이상하게 보는 것 같고…."

  문제는 아이 엄마의 지나치게 예민한 성격이었다. 자신을 남과 지나치게 비교하다 보니 사소한 것에 예민하게 반응하고 사람들과 자연스럽게 섞이지 못하는 것이다. 그 어머니는 "다른 사람의 말에 상처받는 게 싫다"면서 눈물을 보였다. 나는 아이 어머니 말을 끝까지 듣고 위로한 뒤 이렇게 대답해주었다.

  "사도바울은 '항상 기뻐하라. 범사에 감사하라 이는 예수 안에서 너희에게 향하신 하나님 뜻이니라' 라고 말했어요. 어머님이 누군가를 먼저 판단하거나, 판단받기 전에 우선 최선을 다해 기뻐하고, 작

은 일에도 감사해보세요. 그러면 타인을 향한 마음도 자연스럽게 열
릴 수 있을 거예요.”

　다행히 그 어머니는 그날 이후 파이샵에 근심 어린 표정으로 나타
나지 않았다. 처음엔 그 자신의 사회적 지위나 배경을 너무 의식하
고 잔뜩 움츠러들었지만, ‘항상 기뻐하라’ 는 성경말씀에 순종하니
편견과 오해가 단 번에 풀리더란다. 그의 확연히 달라진 모습에 나
역시 마음속으로 기뻐하면서 주님께 감사의 기도를 드렸다.
　“제가 파이샵을 통해 연약한 심령을 가진 이들과 함께 마음을 나
눌 수 있도록 도와주셔서 감사합니다. 앞으로도 남의 말을 귀담아
들어주는 태도와, 그 이야기를 마음으로 받아들일 만한 여유가 제
안에 넘치도록 도와주세요.”

꽃보다 아름다운 사랑의 마음

　나는 꽃을 매우 좋아해 집안에도 언제나 꽃을 꽂아두곤 한다. 집안
뿐만 아니라 집 밖 화단에도 늘 꽃을 심고 기꾸는 일을 게을리 하지
않는다. 꽃을 좋아하는 마음은 단순히 여자이기 때문이 아니라, 꽃
에서 평온함과 품위를 느낄 수 있기 때문이 아닐까싶다. 꽃은 언제
나 같은 자리에서 나를 반겨주면서, 때가 되면 자신의 영광을 과감
하게 포기할 줄 아는 용기를 갖고 있다.

파이샵에도 테이블마다 꽃병에 꽃을 꽂아두었다. 꽃을 좋아한다고 하면 '화려하고 값비싼 꽃을 좋아한다'고 생각할지 모르지만 그렇지 않다. 꽃은 시장이나 가게에서 사기보다 평소에 마당에서 가꾼 꽃 한 두 송이를 꺾어서 작은 유리병에 꽂아 놓는다. 그 꽃 한 송이를 보면서 행복해할 사람들의 모습을 떠올려보면, 나도 덩달아 입가에 미소가 번지곤 한다.

파이샵을 열고 얼마 뒤 남편이 꽃을 사들고 불쑥 파이샵을 방문했다. 파이샵을 여는 걸 반대했던 남편이었지만 내가 원하는 일이고, 의미 있는 일이었기에 진심으로 축하해주러 온 것이다. 하지만 나는 애써 기쁜 마음을 감추고 정색을 하면서 "여긴 어쩐 일이에요?"하고 무심하게 대꾸했다.

"당신이 장미꽃 좋아해서. 파이샵에 썩 잘 어울릴 것 같더라고."

남편은 머쓱한 웃음을 지으며 꽃을 테이블 위에 올려두었다.

"내가 파이샵 여는 거 싫어했잖아요."

"내가 언제? 단지 잘 할 수 있을지 걱정되었던 것뿐이지. 요즘 교인들 얘기 들어보면 파이샵 칭찬이 자자하던데… 나도 그 파이맛 좀 볼 수 있을까?"

"누가 만들어준대요?"

남편은 "파이를 먹기 전까지는 다른 일 안 본다"면서 한쪽에 버티고 앉았고, 나는 나대로 뒷정리를 하느라 분주했다. 남편은 기다리다 지쳤는지 가방에서 펜과 종이를 꺼내 뭔가를 쓰기 시작했다. 나는 그 모습을 보고도 못 본체했지만, 내심 '뭘 저렇게 쓰는 거지?' 하고 궁금해졌다. 남편은 애써 적은 편지를 접어 봉투에 넣고 내밀면서 이렇게 말했다.

"오랜만에 당신한테 편지 한 통 썼으니까 있다가 일 끝나거든 읽어봐요. 저쪽 테이블은 이쪽으로 옮기는 게 훨씬 나을 것 같아."

남편은 그렇게 편지를 불쑥 전해주고 곧바로 자리를 떴다. 남편이 꽃을 사오는 건 가끔 있는 일이지만, 편지는 실로 오랜만이었다. 어떤 내용이 적혀 있을까? 나는 궁금해 하면서 편지를 꺼내 읽었다.

당신이 처음 카페를 연다고 했을 때 '다른 일을 했으면' 하는 생각이 들었소. 하지만 그동안 서로를 존중해왔듯, 이번 일도 당신이 알아서 잘 할 거라고만 여기고 관심을 두지 않았소. 그런데 파이샵이 학부모들 사이에서 대화의 장이 되고, 단순히 카페 이상의 역할을 한다는 사실을 알게 되면서 한때나마 그런 생각을 했던 내 자신이 반성이 되더리고. 지금은 당신이 자랑스러워. 하나님께서 매일 매일의 삶 속에서 당신을 통해 역사하시는 모습을 볼 때마다 한없이 감사한 마음이 들어.

이런 남편의 편지에 감동하지 않을 아내가 어디 있을까? 남편에게 편지를 받은 날, 손수 구운 파이를 가득 들고 집으로 돌아왔다. 남편은 "편지 한 통에 파이를 주기로 한 거냐"고 농담하면서도 커피와 파이를 맛있게 먹었다. 이후로도 남편은 시간이 날 때마다 카페에 들러 쿠키와 커피를 먹고 돌아가곤 한다.

사모님에게 배웠어요

파이샵은 늘 분주하고 손님들의 목소리로 시끌시끌하다. 커피와 쿠키를 주문하는 소리, 친구들이 만나 떠들썩하게 대화를 하는 소리 등등. 방학을 제외하고 파이샵이 늘 열려 있기 때문에 이곳은 교인들과 학생, 학부모들의 공동 쉼터인 셈이다.

오랫동안 파이를 만들다보니 우리 가게의 노하우를 배워 독립하는 분들도 있다. 지금 서울 극동방송에서 운영하는 파이샵도 우리 가게에서 특별교육을 받았고, 우리 가게 방법대로 시작했다. 친환경 재료를 사용하고 방부제는 전혀 넣지 않으니 어디에 내놔도 빠지지 않는 훌륭한 쿠키 전문점으로 인정받고 있다.

하루는 어떤 분이 가게를 찾아와 내 손을 잡고서는 "사모님에게 교훈 한 가지를 배워 갑니다"라고 말해 의아했던 적이 있다. 나는 늘 하던 대로 반복된 일을 할 뿐인데 교훈이라니? 그 분은 내가 파이를 만들기 위해 계란을 깨트려 그릇에 떨어뜨리는 모습을 통해 소중한 교훈을 배웠다고 했다. 얘기를 들어보니, 계란 껍질에 남아 있는 흰자위를 손가락으로 긁어모아서 마지막 한 방울까지 그릇에 모으는 모습이 인상 깊었단다.

"저는 빵가게에서 일하는 사람인데 사모님이 파이샵을 어떻게 운영하고 있나 궁금해서 찾아왔습니다. 그런데 가까이에서 일하는 모습을 보니, 파이에 정성을 들여 만들고 있다는 게 생생하게 느껴지더군요. 재료를 낭비하면서 안 먹는 것들은 그냥 버리는 저와 달리 사모님의 절약하는 모습은 제게 큰 교훈이 되었죠."

사실 나의 근검절약 정신은 시어머니에게서 배운 바가 크다. 티끌 모아 태산이란 말처럼, 작은 것부터 절약하는 습관은 나뿐만 아니라 함께 일하는 모든 직원이 공유하고 있는 생각이다. 뿐만 아니라 파이샵에서 일하는 분들은 모두 청결을 제1의 원칙으로 삼고 있다. 매일 쓸고 닦고, 정리하는 일들이 끊임없이 반복된다. 나는 기본 중의 기본이라고 생각하는 것을 교훈 삼는 분이 있으니 낯 뜨거운 일이 아닐 수 없다. 작은 것부터 절약하는 습관은 후손에게 물려줄 수 있는 소중한 자산이 될 것이다.

파이가게의 수익금은 장애아동의 몫

　파이가게에서 나오는 수익금은 모두 장애아동을 위해 쓴다. 직원으로 있는 2명에게 인건비를 주고 나면 내 몫이라고는 조금도 없다. '설마…' 하고 생각하는 사람도 있지만 사실이다. 유치원 운영에 필요한 돈인데 내가 손대는 건 적절하지 못하다는 게 내 생각이다.

　유치원과 학교가 있는 원천동 주변은 편의점이나 슈퍼마켓이 없어 인스턴트라도 그나마 아이들 먹을거리가 부족하다. 우리가 좋은 재료를 갖고 군것질이 아닌, 영양 간식을 만들어주니 학부모들은 무척 반기는 편이다. 물론 수익성도 꽤 좋다. 가끔 파이샵 책임 매니저에게 물어보면 어떤 달은 수익이 많이 나서 인건비를 주고도 남을 때도 있다. 그런 경우엔 유치원이나 학교 재정으로 다시 돌린다.

　파이샵이 가장 적자일 때는 방학기간이다. 학생과 학부모가 아니라면 손님이 없기 때문에 방학을 하면 파이샵도 자연히 문을 닫는다.

　한 번은 겨울방학을 앞두고 파이샵를 혼자 지키고 있는데 한 장애아동이 갑자기 문을 열고 들어왔다. 그 아이는 배가 고팠는지 와플이며 쿠키 등을 닥치는 대로 먹기 시작했다. 쿠키를 다 먹고 나서는 내 얼굴을 힐끗 보더니 그냥 나가려고 했다.

　"빵을 먹었으면 돈을 내야지? 다 합해서 3천 5백 원."

내 말에 그 아이는 고개를 강하게 내저으면서 막무가내로 가게를 나가려고 했다. 나는 아이의 손을 붙들고 다시 한 번 강조했다.

"그럼, 집에 가서 어머니더러 돈 달라고 해. 내일 학교에 올 때 가지고 오렴."

아이가 집으로 돌아간 후 얼마 뒤에 전화가 왔다. 아이 어머니는 수화기 너머로 죄송하다는 말과 함께 내일 꼭 돈을 가져다드리겠다고 전해왔다.

"사모님, 감사합니다. 아이가 손버릇이 나빴는데 이번 일을 통해 경각심을 갖게 된 것 같아요."

"별 말씀을요. 아이들이라면 누구든지 물건을 사면 돈을 내야 한다는 사실을 배워야죠."

물론 장애아동을 위한 카페니 빵을 얼마든지 공짜로 줄 수 있고, 그럴 마음이 없는 것도 아니지만 나는 교육상 그건 안 된다고 생각한다. 특히 장애아동의 경우 '내가 무슨 행동을 해도 다 받아준다'는 인식을 갖게 되면 더욱 더 엇나가게 마련이다. 잘못된 점이 있으면 지적히고 고치도록 도와줄 때는 유치원 원장으로서의 본능(?)이 살아 움직이는 것 같다.

거친 손이 더 아름다운 이유

여자는 손이 예뻐야 한다고들 하지만, 내 손은 매우 거칠고 손가락이 성한 데가 없다. 매일 유치원과 파이가게를 직접 청소하고 쓸고 닦는 일을 반복하면서 생겨난 '영광의 상처'가 많다. 한데 어떤 이들은 나를 보면서 '손이 아름다운 여인'이라는 말을 하곤 한다. 고생한 티가 역력한 손이 노동의 가치를 알게 한다는 것이다.

어쩌면 내 손이 이렇게 된 것은 내 복장과 연관이 있는지도 모르겠다. 만약 원장이라고 매일 정장 차림에 의자에 앉아 결재하는 것만 좋아하면 손도 곱고 매끄러워지는 게 당연하다. 하지만 나는 몸빼 바지에 호미를 들고 학교 화단에서 일하는 모습이 주변 사람들에게 자주 목격되는데 가끔은 외국에서 이주온 노동자로 오해하기도 한다.

화단에서 일하는 게 보잘것없느냐, 하면 그건 또 아니다. 나는 여전히 '사람은 손으로 일한 것에서부터 정직한 가르침을 얻는다'고 생각한다. 물론 책상 위에서 이런 저런 중요한 일들을 결정하는 것도 중요하겠지만, 파이샵의 주방에서 막힌 배수구를 뚫을 때에도 하나님의 영광을 드러낼 수 있는 것이다.

때문에 내가 어떤 사람을 믿는 지표로 삼는 것 중 하나는 바로 '거칠고 일한 흔적이 많은 손을 가졌느냐' 하는 것이다. 높은 자리에 있는 사람이라도 그 손에 노동의 흔적이 남아 있다면 그는 여전히 초심을 갖고 있다고 볼 수 있다. 반면, 마땅히 손이 더러워야 할 사람이 말끔한 손을 갖고 있다면, 그를 대신해 누군가 노동을 하고 있다는 얘기가 될 것이다.

그래서일까? 나는 꿈에서라도 주님이 '너는 파이샵을 운영한다면서 손이 왜 그렇게 말끔한거냐' 라고 물을까봐 노심초사한다. 예수님께서도 공생애를 시작하시기 전까지 목수로 일하셨고, 사도바울도 전도를 하면서 텐트 만드는 일을 거르지 않았다. 노동은 단순히 생계를 잇기 위한 방편에 그치지 않고 사람을 겸허하게 만드는 힘이 있는 게 아닐까?

내 곁에서 오랜 기간 함께 일한 교사 중 한 사람이 내 손에 대해 이렇게 말한 적이 있다.

"원장님의 손을 발견하기 전까지는 노동하는 손이 그렇게 아름다운 줄 몰랐습니다. 오히려 그런 손을 보면 '고생 많이 한 손, 불쌍한 손'이란 생각이 지배적이어서 그 손의 주인공들을 안쓰럽고 불쌍하게 보곤 했지요. 하지만 지금은 아닙니다. 원장님이야말로 하나님이 우리에게 원하시는 삶을 사는 분이라고 생각합니다. 제 기도제목 중에는 원장님 삶의 모습을 본받는 게 있습니다. 그래서 내가 원장님 나이쯤 되면 나의 손가락 마디마디에도 노동의 미학이 나타나길 소망합니다."

나는 지금도 길가에 마구 버려진 쓰레기는 줍지 않고는 못 견딘다. 길을 걷다가도 모퉁이에 잡초가 보이면 그 풀을 당장 뽑아내야 마음이 편하다. 약속 시간이 얼마 남지 않아 설령 뛰는 한이 있어도 꼭 해야 하는 일들이다. 나는 그 거친 손으로 기도를 하고, 아이들의 머리를 쓰다듬는다. 하루도 쉬지 않고 바쁜 내 손이 나는 너무나도 고맙기만 하다.

암 투병으로 주님을 다시 만나다

2006년 가을, 강연에 초청돼 미국에 방문할 일이 있었다. 당시엔 강연 준비로 약간 긴장한 상태여서 내 몸의 컨디션을 잘 몰랐었는데 어느 날 극심한 허리 통증을 느끼게 되었다. 사실 허리 통증은 한국에서도 종종 있었다. 하지만 평생 병원 신세 한 번 안 진 내가 가벼운 허리 통증 때문에 병원에 갈 순 없는 노릇이라 그냥 꾹 참았다.

통증은 아침에 일어날 때 미세하더니, 점심 무렵부터 격렬하게 일어나기 시작했다. 도무지 움직일 수 없는 상황에 몰리자 병원에 입원할 수밖에 없었다. LA에 사는 딸이 급하게 병실로 달려왔다. 나는 의사 선생님의 표정이 좋지 않아 보이기에 '심각한 상태인가 보다'

하고만 생각했다.

"암이 많이 진전된 상태입니다. 다발성 골수종으로 3기입니다."

암이라는 말에 나보다 더 놀란 건 딸 애설이었다. 나는 3기암이라는 의사의 말에 '주님…. 암이라네요' 라고 말했다. 의사는 나보고 "왜 그렇게 미련하고 혼자 참았느냐"고 말했다. 아플 때 병원에 가지 않았으니 병이 깊어진 건 당연한 일이었다.

"제가 나이가 많은데 수술할 수 있을까요?"

"최선을 다해 봐야죠. 마음 굳게 먹으셔야 합니다."

다행히 의사의 표정을 보니 곧 죽을 정도로 심각한 상황은 아닌 듯싶었다. 그것만 해도 어디인가…. 주님께서 의사의 말을 통해 암을 알려주실 정도면, 내가 당장은 죽지 않아야 할 이유가 있다는 뜻이었다. 나는 감사와 함께 새로운 희망이 생겼다.

그 당시 수술을 하고 치료하는 과정이 얼마나 험난했는지 모두 말할 수 없지만, 아이들과 남편의 기다림도 그에 못지않게 고통스러웠을 것이다. 나는 시시때때로 고통을 참으면서도 마음속으로 아이들과 남편을 위해 기도했다.

"주님, 저를 위해 기도하고 있을 자녀들과 제 남편의 마음을 위로해주시고 주님의 뜻대로 인도하여 주시옵소서."

다행히 수술은 무사히 끝났고, 한동안 항암 치료와 방사선 치료를
받고 난 후 퇴원할 수 있었다. 수술에서 척추의 일부를 절단해야 했
기에 처음엔 제대로 걷지를 못했다. 애설이에게 걸음마를 가르칠 때
처럼 이번엔 내가 애설이에게 걸음을 배워야 했다. 계단을 오르는
법, 자동차에 타는 법 등을 하나하나 배우면서 나는 또 한 번 주님께
감사했다.

"제가 평소에 아무렇지 않게 했던 행동들을 처음부터 다시 알게
해주시고, 제 마음을 낮춰주시니 감사합니다."

애설과 사위는 1년이 넘는 치료기간 동안 나를 정말 성심성의껏
돌봐주었다. 한국에 있는 아들들이 자주 올 수 없던 터라, 전적으로
딸에게 기댈 수밖에 없었다. 미국에서 사는 딸에게 잘 해주지도 못
했는데 병간호까지 받고 있으니 무척 미안한 마음이 들었다.

"얼른 완쾌되어야지 네 남편 보기에도 미안하지 않니."

"엄마는 무슨 그런 말을 해요? 안 그래도 엄마 불편할까봐 우리가
얼마나 마음을 쓰고 있는데…."

애설은 매일 저녁마다 내 손을 잡고 병이 완쾌될 수 있도록 기도해
주었다. 딸의 눈물 어린 기도를 아마 나는 평생 잊을 수 없을 것이다.
내가 지금처럼 빨리 회복될 수 있었던 까닭도 주님께서 딸과 가족들
의 기도를 들어주셨기 때문이 아닐까 생각한다.

몸이 어느 정도 회복되고 난 다음부터는 걷기 운동을 다시 시작했다. 비록 예전처럼 많은 거리를 걷지는 못하지만, 동네를 가볍게 한 바퀴 도는 것만으로도 기분이 상쾌해지고 몸이 가뿐해진다. 걷는 것의 유익함 중에는 육체적 건강뿐 아니라 정신적 건강도 포함돼 있는 것 같다. 특히 조용한 아침시간에 여유를 갖고 걸으면서 기도를 하면 교회 안에서 기도할 때와는 또 다른 깊이 있는 교제를 할 수 있다.

어느 날 산책을 하는데 내 안의 성령님께서 이런 목소리를 들려주셨다.

"만약 너에게 이런 고통이 없었다면 나와 이렇게 친밀하게 대화할 수 있었겠느냐. 이렇게 작은 일에도 감사할 마음이 들었겠느냐. 네가 지금보다 온유해질 수 있었겠느냐. 너를 너무나 사랑하기 때문에 이런 시련을 주었다. 네가 아파할 때 나 역시 십자가를 지며 걸었고, 네가 고통 속에서 울 때 나도 함께 눈물 흘렸다."

나는 수술하고 회복되는 과정에서 주님과 더욱 친밀한 관계가 되었다. 내가 천국 보좌에 한 걸음씩 다가설수록 나를 조금 더 내려놓고 주님을 더욱 의지하도록 하시는 주님을 끊임없이 찬양하길 원한다.

내 안에 사는 이

누구나 평생 동안 마음속에 담고 있는 한 마디는 있다고 생각한다.

어떤 사람은 노래 유행가가 될 수 있을 거고, 또 어떤 사람은 죽은 부모의 유언 한 마디가 될 수도 있을 것이다. 신앙인에게는 자신이 평소에 가장 좋아하는 성경 구절이나 신앙고백이 있다. 내 인생을 한 구절로 요약하라고 한다면, 나는 주저 없이 갈라디아서 2장 20절 말씀을 꼽을 것이다.

"내가 그리스도와 함께 십자가에 못 박혔나니 그런즉 이제는 내가 사는 것이 아니요 오직 내 안에 그리스도께서 사시는 것이라. 이제 내가 육체 가운데 사는 것은 나를 사랑하사 나를 위하여 자기 몸을 버리신 하나님의 아들을 믿는 믿음 안에서 사는 것이라."

이 말씀은 내가 가장 좋아하는 성경 말씀이자 평생을 함께해온 구절이다. 이 말씀은 예수님의 십자가 사랑에 내가 얼마나 많은 것을 빚진 사람인지를 잘 알게 한다. 주님의 구원은 모든 사람에게 선포되었지만, 오직 그 이름을 믿는 자만이 이러한 고백을 기쁨으로 할 수 있다.

돌이켜보면 나는 하나님께서 맡겨주신 많은 일들을 해왔던 것 같다. 남편을 만나서 한국에 오고, 엄마로서, 사모로서, 유치원 원장으로서 다양한 경험들을 했다. 비록 이 모든 일들은 겉보기엔 화려하지도 않고, 세상에 큰 유익을 주었던 것은 아니지만 일상의 작은 영역에서 주님의 삶을 실천하려고 노력해 왔기에 무척 감사한 일이다.

사람은 바로 한치 앞의 일도 보지 못하는 연약한 존재다. 우리는 때때로 모든 걸 움켜쥐고 내 뜻대로 행할 수 있다고 믿지만, 그 일을 계획하시고 인도하시는 분은 주 하나님이시다. 우리가 주님의 뜻을 행하고 실천할 때 우리의 계획은 뜻대로 이뤄질 수 있지만, 주님과 반대되는 생각과 계획을 갖고 있다면 수많은 좌절과 실패를 맛볼 수밖에 없다.

감사하게도 나는 마음속에 뜻한 것이 이뤄지지 못해 좌절했던 적은 없었던 것 같다. 왜냐하면 나는 늘 내 생각보다 주님의 생각이, 내 마음보다 주님의 마음이 드러나기를 소망해왔기 때문이다. 누구에게나 삶은 힘들고 어려운 것이지만, 내 자신을 십자가 앞에 좀 더 내려놓고 말씀 앞에 순종하는 것만큼 주님을 기쁘시게 하는 건 없는 것 같다.

그래서 나는 천국 가는 그 날까지 내 삶의 주도권을 예수님께 더 많이 내어드리고자 한다.

이 책을 읽는 분들이 만약 힘들거나 고난 가운데 처해 있다면, 그 무거운 짐을 예수님께 맡겨드리라고 말하고 싶다. 반약 지금 주님 때문에 기뻐하는 사람이 있다면, 그 일을 멈추지 말고 계속 이어가라고 말해주고 싶다.

갈라디아서 말씀과 함께 내가 좋아하는 찬양은 '내 안에 사는 이' 다.

은혜로운 가사를 함께 묵상했으면 좋겠다.

내 안에 사는 이

예수 그리스도니

나의 죽음도 유익함이라

나의 왕 내 노래, 내 생명 또 내 기쁨

나의 힘, 나의 검, 내 평화 나의 주

내 안에 사는 이, 예수 그리스도니

나의 죽음도 유익함이라

망망한 바다 한가운데서 배 한 척이
침몰하게 되었습니다.
모두들 구명보트에 옮겨 탔지만
한 사람이 보이지 않았습니다.
절박한 표정으로 안절부절 못하던 성난 무리 앞에
급히 달려 나온 그 선원이
꼭 쥐고 있던 손바닥을 펴 보이며 말했습니다.
"모두들 나침반을 잊고 나왔기에 … "
분명, 나침반이 없었다면 그들은 끝없이 바다 위를
표류할 수밖에 없을 것입니다.

삶의 바다를 항해하는 모든 이들을 위하여
우리는 그 나침반의 역할을 하고 싶습니다.
우리를 구원하신 아름다운 주님을
21세기 문명의 이기(利器)를 통하여
널리 전하고 싶습니다.

우리 나침반 가족은
구원의 복음과 진리의 말씀을 전하며
당신의 믿음 성장과 삶을, 가정을, 증거를,
그리고 당신의 세계를 돕고 싶습니다.

그리스도 안에서
우리는 당신을 진실로 사랑합니다.

"하나님은 모든 사람이 구원을 받으며
진리를 아는 데 이르기를 원하시느니라."
(디모데전서 2장 4절)

주일성수도 잘 하고 / 입시준비도 잘 해서
서울대에 입학한 14명의 신앙과 공부비법!

대입을 앞둔 학생/학부모를 위한 책

고딩, 화이팅!

208쪽 / 신국판 / 9,000원

예배출석 잘 하고 믿음을 지키면서도
얼마든지 성적을 올릴 수 있음을
보여주는 책이다. −발행인 메모 중에서

혀의 권세! 말의 위력!

"죽고 사는 것이 혀의 권세에 달렸나니" (잠언 18:21)

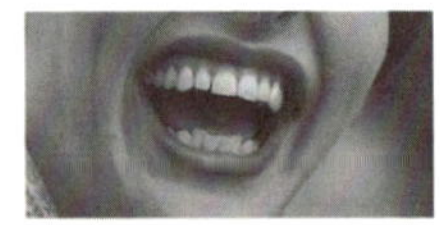

말이 씨가 됩니다!

하나님이 약속하신 말씀을 믿고
당신의 것으로 주장하고
예언하는 법을 배우십시오!
당신의 미래가 소망가운데 활짝 열립니다!

「이책의 메시지는
이미 수백만 명의 삶을
바꾸어 놓았다!」

혀의 권세

톰 브라운 지음 / 신국판 / 200쪽 / 값9,000원

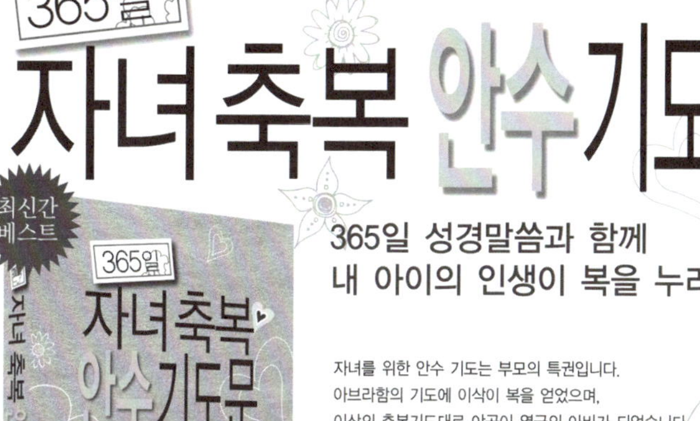

365일
자녀 축복 안수 기도문
365일 성경말씀과 함께
내 아이의 인생이 복을 누리는 길!!

최신간 베스트

365일
자녀 축복
안수 기도문
성·경·말·씀·과·함·께

자녀를 위한 안수 기도는 부모의 특권입니다.
아브라함의 기도에 이삭이 복을 얻었으며,
이삭의 축복기도대로 야곱이 열국의 아비가 되었습니다.
야곱의 기도에 따라 이스라엘의 12지파가 각기 하나님의
역사하심을 입었습니다.

자녀를 축복하십시오.
자녀를 위해 매일 안수하여 기도하십시오.
주님의 응답과 역사하심이 자녀에게 임하실 것입니다.

정요섭 지음 / 국반판 / 400쪽 / 값9,500원

이 책의 특징
▼ 1년 동안 성경을 흐름대로 통독하듯 읽으며 기도할 수 있습니다.
▼ 성경 본문에 따른 한줄 메시지를 통해 하나님의 말씀을 묵상할 수 있습니다.
▼ 매월 성경의 흐름에 따른 큰 주제를 따라 아이를 위한 말씀으로 새길 수 있습니다.
▼ 부모가 자녀를 위해 안수하며 축복하는 기도를 1년 365일 매일 할 수 있습니다.

문자로 전하는 하나님의 사랑~
400가지 종류별 문자메시지 수록!

최신간 베스트셀러

문자메시지
전도 양육

위로와 희망, 용기와 힘이 솟는 문자메시지!
마음에서 마음으로 감동을 전하는 문자 전도!

엄선된 20가지 주제
구역원용 / 부모용 / 초신자용 / 전도대상자용 / 청년용
어려움에 처한 분들 / 축하하고 싶을 때 / 믿음 / 기도
경건 / 계절별 등등

"휴대전화로 전도하십시오.
어떤 철문도 뚫고 들어갑니다"

문자메시지 전도 양육
정요섭 지음 / 포켓판 / 값 5,000원

심겨진 그곳에
꽃 피게 하십시오

지은이 │ 김 트루디
발행인 │ 김용호
발행처 │ 나침반출판사

12쇄 발행 │ 2022년 1월 15일

등 록 │ 1980년 3월 18일 / 제 2-32호
주 소 │ 157-861 서울 강서구 염창동 240-21
　　　　블루나인 비즈니스센터 B동 1607호
전 화 │ 본　　사(02)2279-6321
　　　　영업부(031)932-3205
팩 스 │ 본　　사(02)2275-6003
　　　　영업부(031)932-3207

홈페이지 │ www.nabook.net
이 메 일 │ nabook@korea.com
　　　　　nabook@nabook.net

ISBN 978-89-318-1432-3
책번호 가-9031

값은 뒷표지에 있습니다.

나침반의 영적해결 도서들

크리스티아노스 북1
넉넉히 이기게 하시는 하나님(개정판)
오스왈드 샌더스 지음 | 248쪽 | 국판

모든 문제에서 승리하게 하는 예수님의 방법!
삶 속의 복잡한 문제들에 대한 근본적인 해답은
오직 하나라고 할 수 있는데,
바로 삼위일체 하나님과 올바른 관계를 유지하고
그분에게 온전히 순종하는 것이다.

크리스티아노스 북2
내 안에 계신 그리스도
레스 카터 지음 | 272쪽 | 국판

예수님의 매력 집중탐구!
너무도 사모하는 그분이 우리 안에 오셔서
우리 안에 거처를 정하시고, 우리 안에 사신다.
그분의 성품이, 그분의 행실이, 그분의 혜안이,
그분의 마음이 나의 사상이 되고, 나의 마음이 되고,
나의 사랑이 되고, 나의 인격이 되고, 나의 삶이 된다.

크리스티아노스 북3
목숨 걸고 믿음을 지킨 사람들
작자 미상 지음 | 176쪽 | 국판

아멘, 주 예수여 오시옵소서.!
혼란스런 시대를 살아가는 그리스도인들이
이 책이 보여주는 충성과 순교의 정신을 통해
모든 시험을 이길 수 있는 큰 용기를 얻을 것을
믿는다.

크리스티아노스 북4
구원을 열망하라
오스왈드 스미스 지음 | 176쪽 | 국판

구원에 관한 모든 궁금증을
시원하게 풀어 드립니다!!
영생을 향한 열정이 회복됩니다!
천국의 소망이 구체적으로 다가옵니다!"

크리스티아노스 북5
직통기도 직통응답
프란시스 가드너 헌터 지음 | 224쪽 | 국판

당신의 기도가 바로 응답되는 법을 제시한 책!
직접 체험한 직통 기도 응답 간증과 함께
다이렉트 기도의 비결을 알려줍니다!